Alte Hausinschriften

Martin Reiter

Alte Hausinschriften

aus Österreich und dem Alpenraum

A&M
Weltbild

www.AuM.at

Sonderausgabe für A&M/Weltbild, Salzburg

Einbandgestaltung: Martin Reiter
Gesamtherstellung: CPI Moravia Books s.r.o., Pohorelice
Printed in the EU
ISBN 978-3-902397-86-7

2008 2007
Die letzte Jahreszahl gibt
die aktuelle Lizenzausgabe an.

Kurz angemerkt

Wandert man durch unsere herrlichen Täler, so stößt man überall, in den Städten, Dörfern und Weilern, vor allem aber bei Einzelhöfen, auf Reste der einstmals gerade in Tirol und Bayern so ungemein hochstehenden Volkskunst. Unsere Vorfahren verstanden es vortrefflich, sich ihr Heim traut und schön zu gestalten. Sie schmückten ihr Hausinneres mit so eigenartig schönem Hausrat, alles atmete einen gewissen Sinn in Form und Farbe. Ein besonderer Zweig der Kunstbetätigung war auch das Schmücken der Außenseite der Häuser mit Bildern und Sprüchen. Malerei und Volkspoesie hat da herrliche Blüten hervorgebracht. Besonders an den „äußersten Enden" Nordtirols findet man alte Fresken und Sprüche. An den Häusern im oberen Lechtal, namentlich im stattlichen Holzgau, aber auch in Reutte findet man solche künstlerische

Überlieferungen. Allgemein bekannt ist der alte Gasthof „Zum Stern" in Ötz mit seiner prachtvollen, mit interessanten Fresken geschmückten Außenseite. Aber auch in Grins und Wenns gibt es solche Häuser und vorallem in der sogenannten Unteren Schranne bei Kufstein, wo schon die bayrische Lüftlmalerei ihren Einzug hält. An vielen Häusern finden sich immer wieder Inschriften und Sprüche. Diese zeichnen sich oft durch tiefernsten Inhalt, Lebensweisheit und harmlosen Humor aus. Sie spiegeln vielfach auch die Denkweise des Volkes der damaligen Zeit. Viele der Sprüche melden von harten Schicksalen, die Haus und Hof getroffen haben. Manche wieder enthalten tiefernste Reflexionen über alles Vergängliche und Hinfällige dieses Lebens. Sie sind ein treffliches Seitenstück zu den Inschriften auf alten Marterlen (siehe: M. Reiter/Ausg'rutscht & z'sammtutscht/Edition Tirol) und dürften auch zum Teil von den sogenannten „Tuifelemalern" (Tafelmalern) entworfen und ausgeführt worden sein. Aus anderen Hausinschriften vernehmen wir wieder allgemeine, ernste Lebensregeln, ab und zu streifen sie sogar das soziale Gebiet und haben auch einen pessimistischen Unterton.

Sehr viele beziehen sich auf den Schutz Gottes, Mariens, des Heiligen Josef, Florian, Leonhard usw., denn das Hab und Gut des jeweiligen Bewohners war und ist immer in Gefahr, auch sein und der Seinen Leben.

Aus volkskundlicher Sicht bezeichnet man unter Hausinschriften jene Inschriften, die sich an der Außenseite eines Hauses, meist über Hauseingängen oder Fenstern, befinden. Die Anbringung dieser Schriftdenkmale, gelegentlich mit bildlichen Darstellungen, erfolgt an Mauerwänden in einer dem Material entsprechenden Technik, entweder durch Bemalung mit Farbe (Dipinto), Einritzen (Sgraffito), Einhauen, Ziselieren oder erhabener Herausarbeitung. Meist verbindet man mit der Bezeichnung „Hausinschrift" ein schmuckes Bauernhaus, versehen mit gemalten Fensterumrahmungen (Lüftlmalerei) und religiösem Spruch über der Eingangstür. Wie Funde im alten Pompeji beweisen, brachten schon die Römer Hausinschriften an, um damit für ihren Besitz den Schutz der Gottheiten zu erbitten oder den Besucher zum friedlichen Verweilen einzuladen.

Frühformen einer thematischen Inschrift, beispielsweise Sonnenrad, Pentagramm, Jesus- oder Marienmonogramm, die böse Gewalten und Unheil bannen sollten, wurden selbst in inschriftenreichen Zeiten beibehalten. So finden sich auch heute noch derartige Symbole vor allem an Scheunen, Getreidekästen bzw. an Dachgiebeln.

Vorerst beschränkten sich derartige Inschriften auf Kirchen und wichtige Gebäude in den Städten. Man kann sagen, dass die Hausinschriften eine Monopolangelegenheit des Adels und Klerus waren. Die lateinische Sprachform schloss dabei an das römische Inschriftenwesen an. Mit dem ausgehenden Mittelalter trat mehr und mehr das Bürgertum in den Vordergrund, im 18. Jahrhundert war die Blütezeit der Inschriften in ländlichen Gebieten. Von verschiedenen Volkskundlern wurden derartige Schriftdenkmale in folgende Inhaltsgruppen gegliedert: religiöse und weltliche Sprüche, Neid- oder Gönninschriften, Spott- oder Rätselinschriften, Segenssprüche und Bauinschriften. Zu den letzteren mögen wohl auch die Handwerkssprüche zählen, die man immer wieder an Häusern findet.

Besonders häufig finden sich religiöse Inschriften, die von barocker Volksfrömmigkeit durchdrungen sind, und neben alttestamentlichen Bibelsprüchen die Fürsprachen einzelner Heiliger wie Florian oder Christophorus erbitten. Unter den Sprüchen religiösen Inhalts sind auch Anspielungen auf die kurze Zeit des menschlichen Lebens zu finden. So wird nicht nur der Hausbesitzer regelmäßig an die Vergänglichkeit erinnert, sondern auch die Vorübergehenden, die sich dieser Tatsache bewusst werden sollen. Hier lässt sich eine gewisse Parallele mit den Totentanzdarstellungen ziehen. Im gewissen Sinn stellen solche Sprüche dann auch ein „Memento mori“ dar, wie man es oft auf den Marterln findet.

Neben den oft kunstvoll gefertigten Auslegern informieren auch Inschriften über den Standort handwerklicher Betriebe, oft mit markant stolzen Sprüchen, die auf die Unentbehrlichkeit der einzelnen Wirtschaftszweige hinweisen sollen. Im Gegensatz zu derartigen Schriftdenkmalen voll des Eigenlobs stehen Inschriften, welche im Rahmen des Hausbaus von Mühen und Plagen mit den Handwerkern berichten. Für die Gastfreundschaft des Hauseigentümers sprechen die einladenden Hausinschriften wie zum Beispiel das altbekannte „Grüß Gott, tritt ein, bring Glück herein!" Nicht nur Skeptiker stellen sich aber dabei die Frage, ob nun diese apostrophierte Wohlgesonnenheit auch wirklich praktiziert wird.
Diese Beispiele über die verschiedenen Formen von Hausinschriften können natürlich nur einen kleinen Teil der Vielschichtigkeit wiedergeben. Das heutige Verständnis für diesen Hausschmuck lässt zu wünschen übrig, obwohl man sagen muss, daß gerade in den vergangenen Jahren wieder vermehrt solche Inschriften

und Sprüche angebracht wurden. Dies mag wohl vorwiegend mit dem neuen alpenländischen Baustil, der den Erker wiederentdeckt hat, zusammenhängen. Hingegen gingen mit dem Bauboom nach dem Zweiten Weltkrieg zum Teil auch traditionelle Fassadengliederungen verloren, die so manches Ortsbild wesentlich bereichert haben.
Ein etwas nostalgischer Rückblick sei hinsichtlich heutiger „Schwulstbalkone" erlaubt, die meist mehr oder weniger als wichtigster Fassadenschmuck gelten, obwohl sie längst nicht mehr die Bedeutung eines früheren „Söllers" bzw. einer „Labe" haben. Es bleibt die Frage offen, ob Hausinschriften die riesigen weißen Wände so mancher Häuser wirklich stören, oder hat man nur all die schönen Sprüche vergessen? Hausinschriften geben Zeugnis für die geistlichen und weltlichen Anschauungen, sie dokumentieren das Verhältnis vom Menschen und seiner Umwelt.
Manchmal mag bei einem Haus wohl der alte Spruch gelten: „Geh geschwind vorbei, bleib nicht lang hier, das rat ich dir."

Damit sich dies in Zukunft vielleicht ein wenig ändert, soll dieses Buch beitragen, in dem sich zahlreiche alte Haussprüche wiederfinden. Vielleicht kann man schon in kurzer Zeit an dem einen oder anderen Haus im Alpenraum wieder solche Inschriften lesen und sich daran erfreuen. Dies wäre der Zweck dieses Buches. Ein herzlicher Dank gilt allen, die mir einige der in diesem Buch angeführten Sprüche mitgeteilt haben. Die Originalschreibweise, auch wenn sie heute fehlerhaft anmutet und in vielen Fällen weder der Rechtschreibung noch der Grammatik entspricht, wurde beibehalten.
Gegenüber der Originalausgabe von 1999 wurde diese Sonderausgabe für A&M mit über 100 Haussprüchen, vor allem aus der Schweiz und Deutschland, ergänzt. Diese Hausinschriften konnte ich auf zahlreichen Reisen in den vergangenen Jahren notieren und somit in diesem Buch erstmals veröffentlichen.

St. Gertraudi, März 2005 Martin Reiter

Mittleres Inntal und Seitentäler

Einsam war es hier und still,
alle Vöglein südwärts zogen
Zu den Höhen an der Sill;
heute kommen sie geflogen
In das nördliche Revier
beim Karwendel her zu mir.
(Über dem Bild des Hl. Sebastian an der älteren Kandler-Villa auf der Hungerburg in Innsbruck)

Schon quackt's der Frosch im Tümpel,
daß er hier Schöpfer sei,
Schon pfeift es nach der Gimpel:
da war ich auch dabei!
Denn Hungerburgverwandler,
jetzt möchten's alle sein,
Indes Sebastian Kandler
der Gründer war allein.
(An der jüngeren Kandler-Villa auf der Hungerburg in Innsbruck)

Weiße Raben, schwarzer Schnee,
Keusche Jungfern, blauer Klee,
Treue Freunde in den Nöten,
Sind die größten Raritäten.
(Innsbruck)

Segen ströme
über dieses Haus von oben,
alle Hammerstreiche sollen
den, der segnet, loben.
(Innsbruck)

Hier bin ich frei,
Hier darf ich's sein,
Das wahre Glück:
Ein friedlich Heim.
(Erler-Villa auf der Hungerburg in Innsbruck)

Wer Mensch und Vieh schont,
kommt zu nichts.
(Recht bedenklicher Spruch in Hötting)

Gott halt in Gnaden treue Wacht
in diesem Hause Tag und Nacht.
(Am Giebelwerk des Gasthauses
„Zum goldenen Winkel" in Innsbruck-Pradl)

Wo Menschen wandeln,
ein menschlich Handeln.
(Lans)

Wo die Frömmigkeit im Hause wohnt,
Wo Gottesfurcht im Herzen thront,
Glücklich ist ein solches Haus,
Gottes Segen bleibt nicht aus.
(Am Bauhof in Völs bei Innsbruck)

Dem Sattler steht in seiner Kunst
Kein andrer Künstler gleich,
Denn seine Arbeit ist Bedarf
Für Arme und für Reich'.
(Am Haus eines Sattlers in Völs bei Innsbruck)

Was ist der Tod?
Was ist der Tod? Ein Schreckenmann
Für den, der seines Lebens Bahn
Durch Unrecht und durch Missetat
Zu seiner Schand bezeichnet hat.
(Inzing)

Arbeit und Wehr
Schafft Brot und Ehr.
(Absam)

Die Woche Arbeit, Schaffen,
rastlos Streben,
Des Sonntags Andacht, Ruhe,
fröhlich Leben.
(Aldrans)

Da es mir wohl erging.
Da wollten alle meine Freunde werden,
Da ich kam in Not,
Waren alle meine Freunde tot.
Trau nicht der Welt,
Trau nicht dem Geld,
Trau auch nicht dem Tod,
Trau nur allein auf Gott.
(Fulpmes)

Wan ich due waß Gott will,
So duet Gott auch waß ich will,
Due ich aber was widerspill,
So duet Gott auch waß er will.
(Stubaital)

Gott lieben ist die schönste Kunst,
Die schönste Kunst auf Erden,
Wer anders liebt, der liebt umsunst
Und kann nicht selig werden.
(Stubaital)

Heil. Antoni du Wundermann
In aller Not nimm di unser an.
(Mieders/Stubaital)

Wer Wil Paven An die strasen
Mues die Leid Röden Lasen
Röde Ein Jedes Wasz Es wil
Ich Winsche Ein Jeden
drei Mall so Fill.
(Mieders/Stubaital)

Dieses Haus gehört nicht mein
und nicht dein
Dem Dritten wird es auch nicht sein
Dem Vierten wird es übergeben
Der Fünfte wird nicht immer leben
Den Sechsten trägt man auch hinaus
Drum sag mir wem gehört dies Haus
(Autenhof in Neustift/Stubaital)

Der jetzige Weltlauff.
Die Redlichkeit ist aus der Welt.
Die Frömigkeit kent man nicht.
Die Helfer sind nich zu Haus.
Die Nächstenliebe ist krank.
Die Gittigkeit ist in Arest.
Den Glauben ist das Licht erloschen.
Die Tugent geht betlen.
Die Wahrheit ist schon lang vergeben.
Der Kredit ist falsch geworden.
Das Gewissen hangt an der Wand.
Die Gedult überwindet Alles.
(Gasthaus in Nößlach)

Gott Vater schütze dieses Haus
Dein Segen gleit uns ein und aus
Bewahre Mann und Weib und Kind
In treuer Lieb Dir wohlgesinnt,
Dass jedermann an diesem Herd
Dein Hausgenoss im Himmel werd.

Wenn es Abend werden will
Und das Roth verglimmet still,
Schweigen Vöglein, Quell und Bach,
Nur das Glöcklein ist noch wach.
Blick empor zum Abendschein,
Solls vielleicht Dein letzter sein:
Bist nicht für die Erde da!
Ave Maria!

(Paulerbauer in Obernberg)

In 30 Jahren will's Gott vollendt,
Das vierte Mal ganz abgebrendt,
Jesum Mariam anvertraut
Und wiederumbden aufgebaut.
(Matrei am Brenner)

Alle Leute sagen mir,
die Zeiten werden schlimmer,
Ich aber sage nein,
Denn es trifft so besser ein:
Die Zeiten bleiben immer,
Die Leute werden schlimmer.
(Matrei am Brenner)

Meistens gehts ums rechte Maß,
aber ach, wie schwer ist das!
(Matrei am Brenner)

Wo nicht im Herzen
wohnt die Pflicht,
dort helfen auch
Gesetze nicht.
(Matrei am Brenner)

Du Mutter des Herrn
Du gütige Frau viel gnädiglich
unser Elend schau
Für Erde und Himmel
ein Glück uns bau.
(Matrei am Brenner)

O wär auch,
was schön ist, wahr,
wie wär die Welt
erst wunderbar!
(Matrei am Brenner)

Sicher ist,
daß jede Kraft
ohne Gegenkraft
erschlafft.
(Matrei am Brenner)

Ich backe Brot
Brot geht voran
Vor allen Gottesgaben
Arbeiter + Bauer + Bürgersmann
Sie wollen sie haben.
(Feinbäckerei in Matrei)

Handwerk heißt
die Hand des Werkers
mit Fleiß erdacht
mit Schweiß vollbracht
Hat das Handwerk
groß gemacht.
(Schuhhaus aus dem Jahr 1526 in Matrei)

Die Stände -
sie formen die Zeit -
ob eng -
oder weit
ob trüb oder klar -
ihr Werk es war.
(Gemeindehaus Matrei)

Zepter, kronen, haven und hacke
Thuat der tod alle zsammenpacke,
Er füllt damit seine rantze
Un ei jeder muß den keraus tantze,
Drumb schwing über dich
das hertze dein,
Häftz an d'himmlisch freuden,
Veracht die welt, lieb Gott allein,
So kannst du froehlich scheiden.
(Einsiedelei St. Romed bei Thaur)

Ich lobe meinen Gott,
Und laß ihn in allem walten,
Ich mache neue Kummeter
Und flicke auch die alten.
(Weiler Moos/Leutasch)

Ich wünsche jedem,
der sich tapfer stellt,
Zum Kampf und aller
Unbill dieser Welt,
Ein trautes Plätzchen,
wo er dann und wann,
Die ganze weite Welt
vergessen kann.
(Weiler Plaick/Leutasch)

Gott beschütze dieses Haus,
Und alle, die da gehen ein und aus.
(Weiler Plaick/Leutasch)

Schau auf dich und nicht auf mich,
Tu' ich unrecht, so hüte dich,
Laß jeden gehen, wer er ist;
So fragt man auch dich nicht,
wer du bist.
(Weiler Gasse/Leutasch)

Die Leute sagen immer,
Die Zeiten werden schlimmer,
Die Zeiten bleiben immer,
Die Leute werden schlimmer.
(Weiler Gasse/Leutasch)

Zitternd in der Lebensmitte,
Sind vom Tode wir umgeben;
Auf der Haid' ein Wolkenschatten,
Fahrt dahin das Menschenleben.
(Pestkapelle in Leutasch/Waidach, erbaut 1637)

Ich achte meine Hasser,
Nicht mehr als Regenwasser,
Das von den Dächern fließt.
Und ob sie mich beneiden,
Sie müssens dennoch leiden,
Daß Gott mein Helfer ist.
(Weiler Aue/Leutasch)

Frohes Schaffen erhält gesund
guter Wille ist aller Weisheit Grund

In jedes Haus, wo Liebe wohnt,
Da scheint hinein auch Sonn' und Mond;
Und wär's auch noch so ärmlich klein,
So kommt der Frühling doch hinein.
(Weiler Waidach/Leutasch)

Aus Feuersglut,
In Weltkriegsnot
Entstand dies Haus.
Beschütz' es Gott.
(Weiler Lähner/Leutasch)

Der Kaiser wehrt sich um sein Landl,
Der Jud um sein Handl,
Der Bauer um sein Feld,
Der Bua um sei Diandl,
So geht's auf der Welt.
(Weiler Ober-Lochlehen/Leutasch)

Wer Böses von mir spricht,
Betrete meine Wohnung nicht;
Denn jeder hat in seinem Leben,
Auf sich selbst achtzugeben.
(Weiler Ober-Lochlehen/Leutasch)

Das Haus gehört mein
und doch nicht mein,
Der nach mir kommt,
dem gehört's auch nicht sein;
Dem Dritten wird es übergeben,
Es wird ihm gehen, wie mir im Leben,
Den Vierten trägt man auch hinaus,
Nun frage: „Wem gehört dies Haus?"
(Weiler Obern/Leutasch)

Trau nicht der Welt,
Trau nicht dem Geld,
Trau nicht dem Tod,
Trau nur allein auf Gott.
(Weiler Reindlau/Leutasch)

Papiergeld kam in diesem Jahr,
Das ist kein festes Geld fürwahr.
Ich, Kugler, bau massiv von Stein,
Das wird gewiß viel fester sein.
Papiergeld ist jetzt in der Welt,
Die Kronentaler schwinden,
Wird man, wenn dieser Bau zerfällt,
Auch solches Geld noch finden?
(Sittenhardt Hall/Tirol, 1850)
an einer Scheune

Tirol: Oberinntal und Seitentäler

O Maria, in allen Nöthen,
Laß uns Dir empfohlen sein.
Du kannst helfen, Du kannst retten,
Laß uns Deines Schutzes freu'n.
Maria hilf in den Gefahren,
Die uns droh'n im Lebenspfand,
Laß jeden Deine Hilfe erfahren,
Der sich Dir empfohlen hat.
Über unser Feld und Haus
Gieße Deinen Segen aus!
Schütze Menschen, schütze Vieh!
Maria hilf, verlaß uns nie!

(Oberhofen)

Das ist das Beste auf der Welt,
Daß Tod und Teufel nimmt kein Geld,
Sonst müßte mancher arme G'sell
Für einen Reichen in die Höll.

(Imst)

Ich firchte mich in disen Haus
Vor Gefahr und Donner, Blitze.
Threibe nur den Sinder aus,
Dann wirt uns Gott beschitze.
Gott schenkt mier disses Haus
auf eine kleine Zeit,
Dan mues ich wieder drauß
und fort in d' Ewigkeit.
Mach dich auf zu Gott o großer Sinder,
Due dich nicht verihre.
Der nach mier kommt
thrifts auch nicht minder,
Kann auch heraus spaziere.
Trag mit Gedult die Kreitz und Blag
Und denk an Jessus Leide.

(Imsterau)

An dieser Ursprungs-Quelle
Mein lieber guter Christ,
Bevor du trinkst - so bete,
Weil es so üblich ist.
(Barwies)

Das schönste Wappen in der Welt
Das ist der Pflug im Ackerfeld.
(Nassereith)

Der Mensch lebt so dahin
Und nimmt es nicht in acht,
Wie ihm jede Stunde
Sein Leben kürzer macht.
(Obsteig)

Wer will bauen an der Strassen,
Muß die Leute reden lassen.
Sag ein jeder was er will,
Wünsch ich ihm halt no so vill.
Kristian Rastbichler, Tischler, 1795.
(Gesindestube in Küthai)

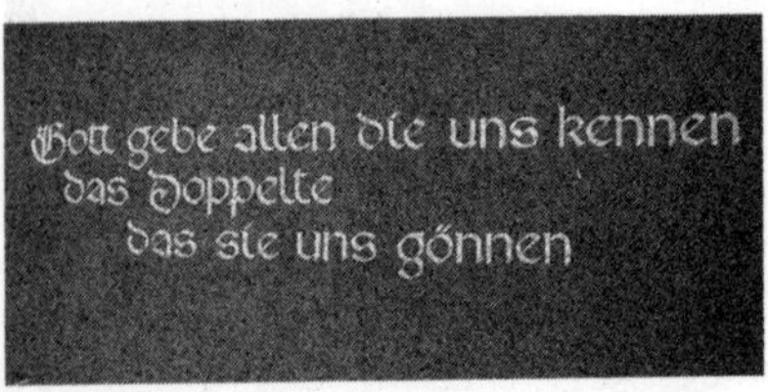

Christian Rott
gewester Gerichts=Anwalt auch Gastgeb
allda sammt seiner Ehefrawen
Margarethe Leherin
dazumal an diesem Haus
viel verandert und gepaut hat anno 1573.
Hernach sein Sun Christof Rott dies Haus
hatt, Gerichtsanwalt Gastgeb und
Khiemb=
seescher Cammerer allda,
an diesem Haus gar
viel vernewern lassen zwar.
Und sambt seiner
Ehehausfrawen Anna Singerin damal und
alsdan wiederumben aufgebaut und
gemacht hat 1615.
Gott verleih uns allen
hie und dort sein Gnadt.

(Am Sternwirtshaus in Ötz unter dem Familienwappen der Rott. Dies war das Amtshaus des Stiftes Frauenchiemsee und die Wohnung der Kammerer, welche die zahlreichen Güter des Klosters im Ötztal verwalteten. 1600 brannte das Dorf Ötz ab, daher musste das Haus von Christof Rott wieder gebaut werden. Die herrlichen Fresken stammen aus dem Jahr 1615.)

Gott verleih uns allen
hie und dort sein Gnadt.
Christian Jenewein
Maister 1605.
Beit ein weil, heißt das Dörflein,
dann zall ich dich
bar, geselle mein.
Hoho, dahin werd mir zu
weit sein (sagt der Geselle).
(Haus in Ötz mit roten Fresken von
Jakobus Neurauter aus dem Jahr 1605)

Die Sonnenuhr werd ich genannt,
Von jedermann werd ich erkannt,
Die Sonnen scheint von früh an her,
Das zeig ich gewiß und das ist schwer.
(Am alten Kramerhaus in Ötz, das vermutlich vom
Adelsgeschlecht derer von Breitenberg erbaut
wurde, steht dieser Spruch an der Sonnenuhr)

Maria Preit den Mantel aus
Schütz und bewahr du mein Haus
Bitt du deinen lieben Sohn
Daß er uns die gnadt woll göben
Daß mier erlangen die Himblkron
und dort das ewige Löben.
(Auf dem Muttergottesbild am
Kramerhaus in Ötz)

Es liegt nicht allzeit am Vermögen
mit Gottes Hilf und seinem Segen
hab ich gebaut dies Haus.
Drum wollen wir stets Gott allein
Für diese Wohnung dankbar sein
bis uns der Tod einst ruft heraus.
(Auf einem 1837 erbauten Haus in Ötz)

Es schützen dieses Haus
und alle so darin wohnen,
Gott Vater, Sohn und hl. Geist,
die 3 göttlichen Personen.
(Stube in Habichen 1840)

Mit Gott fang an, mit Gott hör auf,
Das ist dein schönster Lebenslauf.
Was du zu Gottes Ehr gethon,
Das wird er dir schon einstens lohn.
(Habichen)

Gott segne dieses Haus!
Ein frommes Herz, ein reiner Sinn
schwingt sich zum Thron
des Höchsten hin;
der Mensch, der lebt dahin
und nimmt sich nicht in acht,
daß jeder Augenblick
das Leben kürzer macht.
(Weiler Granbüchel/Sölden)

Der Mensch braucht ein Plätzchen
und wärs heut noch so klein,
Von dem er sagen kann:
Sie hier, das ist mein.
Hier leb ich, hier lieb ich,
hier ruh ich mich aus,
Hier ist meine Heimat,
hier bin ich zu Haus.
Bewahr uns Gott vor Mißwachs,
Not und teurer Zeit,
Vor Maurer und vor Zimmerleut.
(Weiler Wohlfahrt/Sölden)

Geht ihr bei der Tür herein,
so denke an den Tod.
Grüß Gott! Tritt ein, bring Glück herein.
(Weiler Plödern/Sölden)

Dies ist mein Quartier.
Wer weiß, wie lang allhier.
Vielleicht ist die letzte Stund,
Weil man nichts wissen kund.
(Weiler Plör/Sölden)

Wann wird der Tag sich lichten,
der gold'ne Freudentag –
da wir zum Himmel richten
den freien Flügelschlag.
(Weiler Schmiedhof/Sölden)

So oft ich gehe ein und aus,
soll Gott gelobt und gepriesen sein.
Gott segne dieses Haus und alle,
die da gehen ein und aus.
(Weiler Unterwald/Sölden)

Mein Haus ist meine Welt!
Grüß Gott! wens drin gefällt.
(Weiler Rettenbach/Sölden)

Ich lebe und weiß nicht wie lang,
Ich sterbe und weiß nicht wann,
Ich fahre und weiß nicht wohin,
Mich wunderts,
daß ich noch fröhlich bin.
(Weiler Magpuit/Sölden)

Wo ich bin und was ich tu,
sieht mir Gott, mein Vater, zu.
(Weiler Prantle/Sölden)

Wir bauen Häuser hoch und fest
Und sind darin nur fremde Gäst.
(Weiler Grünwald/Sölden)

Tadle nicht mich und die meinigen;
Sieh zuvor dich und die deinigen;
Wenn du kein Übel nicht findest bei dir,
Alsdann komme und tadle an mir.
(Weiler Grünwald/Sölden)

Gelobt sei Jesus Christus -
in alle Ewigkeit.
Am[en].
(Weiler Berghof/Sölden)

Beim letzten Wirtshaus hängt ein Sack,
der ist für jederman bestimmt,
der nicht zu Gott, zur Sparsamkeit und
Arbeit seine Zuflucht nimmt.
(Weiler Büchl/Sölden)

Wo Glaube, da Liebe,
Wo Liebe, da Friede,
Wo Friede, da Segen,
Wo Segen, da Gott,
Wo Gott, keine Not.
(Weiler Hof/Sölden)

Gehst aus oder ein,
da steht der Tod und wartet mein.
(Weiler Büchl/Sölden)

Dies Haus ist mein
und doch nicht mein,
Der nach mir kommt,
dem wirds auch nicht sein,
Den dritten trägt man auch hinaus,
dann frägt man:
„Wem gehört dies Haus?"
(Weiler Hof/Sölden)

Gewiß der Tod, ungewiß der Tag,
diese Stund niemand wissen mag.
Mensch, gedenk dabei,
daß jede Stund die letzte sei.
(Weiler Kaisers/Sölden)

Morgenstund hat Gold im Mund.
(Weiler Kaisers/Sölden)

Denke an die Gegenwart Gottes.
Ein froher Gast ist niemand Last.
(Weiler Hainbach/Sölden)

Gott schütze mein Haus.
(Weiler Rainstadl/Sölden)

Wo Lieb und Treu die Wache hält,
da ist's im Hause wohl bestellt.
(Weiler Windau/Sölden)

Lenke freudig deinen Sinn,
stets nach Gottes Willen hin.
(Weiler Windau/Sölden)

Zeige uns,
o Herr,
in Todesnot,
des ewigen Heiles
Morgenrot.
(Friedhofseingang Sölden)

Sei Gott mit seinem Segen
Stets in diesem Haus zugegen.
(Landeck)

Gelobt sei Jesus Christus
und auch Marie.
Den Namen Dein
schließen wir in das Herz hinein.
(Ried im Oberinntal)

Aller Sinn und Mut
Steht nach dem zeitlichen Gut
Und wenn sie das erwerben,
Legen sie sich nieder und sterben.
(Ried im Oberinntal)

Da es mir wohl erging auf Erden
Wollten alle meine Freunde werden.
Da ich kam in Not,
Waren alle Freunde tot.
(Ried im Oberinntal)

Der Mensch lebt so dahin
und nimmt es nicht in acht,
Wie jede Stunde ihm
das Leben kürzer macht.
(Kauns)

Dies kleine Haus ist meine Welt;
Gott zum Gruß, wem's hier gefällt.
(Ladis)

Dies Haus ist mein und doch nicht mein,
Der vor mir war, wars auch nicht sein,
Der ging hinaus und ich hinein,
Nach meinem Tod wird's auch so sein.
(Poschof/Ladis)

Nur die Demuth mag erfassen
Gottes unerforschten Rath,
Stolze muß der Höchste hassen,
Der sich selbst erniedrigt hat.

(Ladis)

Es ist auf Erden kein' beßre List,
Als wer seiner Zunge Meister ist.
Viel wissen und wenig sagen,
Nicht antworten auf alle Fragen;
Was du redest, rede wahr,
Was du kaufst, bezahle bar,
Laß einen jeden sein, wie er ist,
So bleibst auch du, wer du bist.

(Kaunertal)

Dies Haus ist mein
und doch nicht mein,
Der nach mir kommt,
nennt's kurz nur sein,
Und wird's dem dritten übergeben,
So wird's ihm ebenso ergehen,
Den vierten trägt man auch heraus,
Und sagt mir doch,
wem ist das Haus?
(Nöggles/Kaunertal)

Wir bauen Häuser hoch und fest,
Und sind darin nur fremde Gäst,
Und wo wir sollen ewig sein,
Bauen wir gar wenig ein.
(Prutz/Entbruck)

Schweig still
und denk' viel.
(Richterhaus Prutz)

1714.
Mit Gotes Hilfe und Vertrauen
Hat Niklas Scherli das Haus gebauen
Im Jahr wie oben zu Söhen
Gott geb uns das ewige Leben.
(Grins)

Mein Gott und Herr
Alles zu Deiner Ehr.
(Ischgl)

Hier wird zum Kampfe geübt
Wer Glaube und Vaterland liebt.
(Schießstand Ischgl)

Wer Heut geht Ein
Geht Morgen aus
Denn Hier Hat Keines
Beständig Haus.
(Ischgl)

Maria Hilft in letzter Stund
Daß Unsere Sell
Nicht Geht zu Grund.
1771

Wan Wird Ich Reisen fort
An Das Beständig Ort.
1771

Thüe Alle Tag Dein Seel Versorgen
Alls Wan Dü Soltest Sterben Morgen.
1774

O Herr Bey Wahren Meinen Schlaf
Und in Sünden Mich Nicht Straff.
1791
(Ischgl)

In allen Deinen Werken
Gedenk an Deine Vier Letzten Dinge.
(Ischgl)

Es komt der Todt
Darauf das Gricht
Höll oder Himmel
Wartet auf Dich
Und dies O Mensch
Dauert Ewiglich.
1766
(Ischgl)

Ach liebes Kind flieh doch die Sünd
leb allzeit rein dien Gott allein.
Das Sterben nit Wie kräncktzt die
Leuth
Sie Trösten Tüett
Die Himlisch Freidt.
1762
(Ischgl)

Gott ist gerecht
Das Fasse Recht
Straft die Sünd
Flieh Sie geschwind.
(Ischgl)

Ich lieb Gott Allein
Allhier In Meinen Schlafkämerlein.
(Ischgl)

Bet' und Arbeit - flieh die Sünd
so bleibst du Gott ein liebes Kind.
(Ischgl)

Der aus gang der ein gang
Mein O her las dia befohlen sein.
1791

Nim an von Mier Wie ich es beygehr
Alle schritt und drit zu deiner ehr.

Hingeht die Zeit, herkommt der Tod
O Mensch thue Buß und fürchte Gott.

Kein größere Kunst ist zu erwerben
Als das man Lehrnet seelig Sterben.

O herr bey Wahr Meinen schlaf
und in Sinten Mich nit Straff.

Bet und Arbeit so segne Gott
dein duen all Zeit.

(Alle: Gasthof Grissemann/Ischgl)

Die Jugendzeit vergeht gar schnell
Mit ihr die Zeit der Saat,
Wer einstens Früchte ernten will
Greif zu, eh es zu spat.

(Schulhaus Ischgl)

Was der Mensch hirr säet
wird er jenseits ärndten.

Wir haben hier keine bleibende Stätte
denke immer an Gott und Ewigkeit.

Vorsichtig handeln
ist die Krone des Weisen.

Gerechtigkeit ist die
Grundfeste der Thronen.
(Alle: Frühmesserhaus/Ischgl)

Die höchste Weisheit in der Welt
ist ein leben wie es Gott gefällt.
1808

Beth und Arbeit, fleih die Sünd
dann bist du Gott ein liebes Kind.

Ein gute Reu macht Höllen frey
das Sünden Band macht Höllen Brand
Ach liebes Kind flüh doch die Sünd
Leb allzeit rein, dien Gott allein.
(Alle: Ischgl)

Ich Gehe Aus Oder Ein
So Wartet der Tod Mein.
(Ischgl)

Wer im Haus viel schwört und flucht
der darin sein Unglück sucht.
(Ischgl)

Wo eilt ihr hin ihr Lebensstunden
Zeit edle Zeit wo fliegst du hin
Wie mancher Tag
ist schon verschwunden
Seitdem ich leb und sterblich bin
Vielleicht der größte Teil der Zeit
Ist schon im Meer der Ewigkeit.

Wer baut an Weg und Straßen
muß sich austadeln lassen.
1793
(Ischgl)

Mein Haus ist nun ein festes Schloß
und ist gebaut in Mariens Schoß.
(Ischgl)

Der Mensch weiß sein Ende nicht
sondern wie die Fische mit der Angel
gefangen werden,
so werden die Menschen
zur Zeit des Unglückes
gefangen.
(Oberpardatsch/Ischgl)

Ergötze Dich zu seiner Zeit,
doch allemal mit Zucht und Mäßigkeit,
Wer Böses sieht und hindern kann
und doch nicht tut hat Schuld daran.
(Gaststube in Mathon)

Gott lieben macht selig,
Wein trinken macht fröhlich.
(Gaststube in Mathon)

17 Vertrau Auf Gott, Bett und Arbeit
So Segnet Gott Dein Thun Allzeit. 74
(Gaststube Goldener Adler in Ischgl)

Daß uns die Seuch' net plagt,
Kuh und Kalm sicher tragt,
daß uns koa Hund net beißt
und a koa Wolf net z'reißt,
koa böser Mensch net schadt,
beware uns St. Leonhard!

Zu Aller Zeit Sey Du Bereit Zu Reissen
In Die Ewigkeit. Josef Zöngerlö 1778.
(Stube in Ischgl)

Wie Werd dir dann Geschehen
Wann Du nun Sterben Mußt
Der Welt Nicht mehr Ansehen
Bei Der Du Soviel Tust.
(Galtür)

Wenn Ein und Ausgang segnet Gott
so hats in diesem Haus Keine Not.
Ein und Ausgang Gott bewahr,
vor falschen Freunden und Gefahr.
Ei was kümmert uns Sturm und Wind
Wenn wir in Liebe beisammen sind.
(Zeinisjoch)

Erst den Kindern, dann den Rindern
Und was noch frei, der Sennerei.
(Sennerei Mathon)

O Mensch trag sorg,
Vor Gott ist kein Verborg.
Franziskus Jeger,
Ma(ria) Ka(tharina)
Knaussin 1813.
(Stube in Kappl-Bach)

Himmel hast Du einen Segen
Der auf Erden glücklich macht,
O, so sey er dessentwegen
Diesem Hause zugedacht.
A. E. J. O. U.
(Zimmerdecke im alten Postgasthof Nasserein)

Solche Gäste liebe ich,
die ehrlich diskuriren
Trinken, essen, zahlen mich
und friedlich abmarschiren.
Die Leute sagen immer,
die Zeiten seyen schlimmer,
Ich sage aber nein,
so trifft es besser ein
Die Zeiten bleiben immer,
nur d'Menschen werden schlimmer.
Mathias Spiß 1820 Schuler
Barbara Posthalter
(Altes Postgasthaus in Nasserein/Stubenfenster)

Was will das Kreuz,
das dort am Wege steht?
Es will dem Wand're r,
der vorüber geht
Das große Wort der Hoffnung sagen:
Das Kreuz wird dich zum Himmel tragen.
(Wegkreuz in Kobl/Pfunds)

Ein Kreuz am Weg, gehst du vorbei,
Gedenk, was dessen Deutung sei:
Zieh ab den Hut, du bist ein Christ,
Der durch den Herrn erlöset ist.
(Glittstein/Kappl)

Reine Makellose,
Geheimnisvolle Rose,
Die uns das Heil erschließt,
Maria, sei gegrüßt.
(Kapelle bei Labeben/See im Paznaun)

Den Ein- und Ausgang mein,
laß Dir, o Herr, empfohlen sein.
Nimm auf, o Herr, wie ich's begehr,
als Schritt und Tritt zu Deiner Ehr.
(Stube in Serfaus)

Ich leb, weiß nicht wie lange,
Ich sterb, weiß auch nicht wann,
Ich fahre fort, weiß nicht wohin,
Wie kommt's, daß ich so fröhlich bin.
1831.
(Schlafzimmer in Serfaus)

Wir bauen Häuser, hoch und fest,
worin wir sind nur fremde Gäst',
wo wir sollten ewig sein,
richten wir gar wenig ein.
(St. Jakob)

Mensch, gedenke alle Zeit
an Tod und Ewigkeit.
Fromm gelebt und selig gestorben
ist auf Erden genug erworben.
(Strengen)

ORRR
DBRIBK
WDLSRM
SWGWRD
1689.

Die richtige Lesung dieser Inschrift, die sich an einem Haus in Pettneu befindet, dürfte folgendermaßen lauten:

O Richter, richte recht!
Du bist Richter, ich bin Knecht.
Wie Du lebst, so richte mich.
So wie Gott wird richten dich.
1689.

G S M S G
S S E S S
M E M E M
S S E S S
G S M S G
renoviert 1809

Diese seltsame Inschrift stammt vom Rastbichlerhaus in Tarrenz. Die Lösung liegt in den Anfangsbuchstaben der folgenden Wörter im Spruch:

Gott sei mir Sünder gnädig,
So stirbt ein Sünder selig,
Mein einziger Mittler, errette mich.
So stirbt ein Sünder selig,
Gott sei mir Sünder gnädig.

„Daß Gott gerecht ist glaub' ich nit
ungerecht ist Gott darauf bau' ich."
(Pettneu/Je nach der Setzung der fehlenden Beistriche erscheint der Spruch fromm oder gottlos!)

Tirol: Unterinntal und Seitentäler

Wir leben so dahin
und nehmen nicht in acht,
daß jeder Augenblick
unser Leben kürzer macht.
Doch ist das Beste auf der Welt
daß Tod und Teufel nimmt kein Geld.
Sonst müßt so mancher arme Gsöll
für den Reichen in die Höll.
(Mühltal im Brixental)

Wie dieser Stiefel umgekehrt,
So ist die Welt jetzt aufgeklärt,
Und wenn es wird
einst anders werden,
So kommt der Absatz auf die Erden.
(am Haus eines Schusters; ein umgekehrter
Stiefel aufgemalt – Hopfgarten)

Mich heißen sie den Stoffel,
Hab' lang nicht die größten Kartoffel.
Ich liebe Gott und lasse selben walten.
Ich mache neue Hüt' und färbe die alten.

(Kitzbühel)

Vom Gast ist es
des Lobens wert,
Wenn er unscheniert
beim Tod einkehrt;
Aber wenn der Tod
als Gast sich stellt,
So ist's um alle
zwei gefehlt.

(Beim Todwirt in Gasteig bei St. Johann)

Laß die Neider neiden
und die Hasser hassen,
Was Gott mir gönnt,
müssen sie mir lassen;
Ich bin ein Mensch und weiß mein Ziel,
Wer mich veracht't,
taugt selbst nicht viel,
Viel Falschheit ist auf mich gericht,
Ich bin der Mensch und acht' es nicht.
Als Moses auf den Stein einst klopfte,
Geschah's, daß Wasser ihm enttropfte;
Viel größer ist das Wunder hier:
Man klopft auf's Faß
und es fließt Bier.
(Beim Todwirt in Gasteig bei St. Johann)

Dies Haus ein kleiner Punkt
In Gottes weiter Welt
Doch ists ein Himmelreich
Wenn es Dein Glück enthält.
(St. Johann)

Die bös Gewohnheit ist dein Strick,
Von dem Teufel gemacht so dick,
Ausgehen, daß kaum Einer ist,
Der ihn zerreißt und noch entwischt.
(Erpfendorf)

Wir haben uns das Haus gebaut
Und haben dabei auf Gott vertraut,
Daß er es schütze immerdar
Vor Brand und jeglicher Gefahr.
Gott, spende deinen Segen diesem Haus
Und allen, die da gehen ein und aus.
Gelobt sei Jesus Christus in Ewigkeit.
Amen.
(Walchsee)

Das Haus ist mein und ist nicht mein
Einem anderen wird es auch nicht sein,
Ein Dritter wohnet auch darin,
Auch dieser muß zur Zeit dahin!
Den Vierten trägt man auch hinaus,
Jetzt sag mir, wem gehört dies Haus?
(Erl)

Verachte nicht mich und das Meinige
Betrachte zuvor dich und das Deinige,
Findest du ganz ohne Tadel dich,
Alsdann komm und verachte mich.
(Erl)

Haß und Neid und Heuchelei
geh an diesem Haus vorbei
Ehr und Frieden kehre ein,
so wird dies Haus gesegnet sein.
(Erl)

Das Kind im Haus tut kein gut,
Wen es nicht immer sicht die Ruth,
Der Esel lasset ab vom Fleis
Wen er nichts mehr vom Stecken weiß,
Das Vieh das lauft gleich von der Herd
Wen es nicht mehr die Geisel hört,
Das Pferd wird gar bald faul und matt
Wenn man am Fuß kein Sporen hat,
und der Mensch bleibt gebis (gewiß)
nicht lang ein guter Christ,
Wen kein Furcht Gottes in im (ihm) ist.
(Beim Buchbauer am Spitzstein in Niederndorf)

Gedenke offt an JESU Lehr
Dein Nebenmenschen nicht beschwer.
Gott segne dises Haus Und alle jene,
so gehen ein und aus.
Denn an disem Heilligen Segen
Ist all unser Heil gelegen
Und wer disen nit hat,
Kombt überall zu schpadt.
Gelobt und gewenedeyt
sey der Süße Nahmen JESUS
von nun an bis in Ewigkeit.
Amen.
Johann Buechauer
Margaretha Grossin.
(Wildbichl/Niederndorferberg)

Guter Freund, kehr ein
Und trag kein fremdes Wort herein
Und eben so viel hinaus
Dann herrscht der liebe Friede
In diesem Erdenhaus.
(Beim Ralser in Scheffau)

Vor Un Fried, Sind - und Feuersgfahr -
O großer Gott, - dies Haus bewahr!
(Über den vier Fenstern beim Ralser in Scheffau)

Wer dir Fremdes tragt ins Haus,
Tragt auch solches von dir hinaus,
Wer dir Fehler von anderen erzählt,
Erzählt auch die deinen der Welt.
(Scheffau)

Kehrest du in dieses Städtchen ein,
trinke hier den besten Wein
und beim frohen Klang der Lieder
findest du dich selber wieder.
Denn wo man singt
da laß dich ruhig nieder,
nur böse Menschen mögen keine Lieder.
(Batzenhäusl/Kufstein)

Tut den Durst
nur immer löschen
doch mit Wasser laßt es sein;
Wasser,
das gehört den Fröschen
und den Menschen
Bier und Wein.
(Batzenhäusl/Kufstein)

Früh, eh der Tag noch graut,
Morgens, wenn die Erde thaut,
Müssen Bäcker wachen,
Brot und Semmeln machen;
Dies wäre keine Kunst,
hätten sie das Mehl umsunst.
(Kufstein)

Bürgersinn und Heimattreue
Gaben diesem Haus die Weihe
Daß der Heimat Wohl u. Ehre
Stetig blühe
und sich mehre
(Rathaus Kufstein)

Fideles Volk
Die Leut vom Bau
Arbeiten, Essen, trinken
Und machen Radau.
(Sägewerk Pirmoser Kufstein)

Schau auf dich
Und nicht auf mich;
Irre ich,
So hüte dich!
(Kienbichl/Kufstein)

Wer Schlechtes spricht
über mich und die Meinen,
der soll nach Haus gehn
und schaun nach den Seinen.
(Schwoich)

Verleihe uns Gott deinen Segen
und sei mit deiner Gnad zugegen,
von Dir kommt jede gute Gabe,
beschütze uns und unsere Habe.
(Sonnenhof – Schwoich)

In bin ein Wandersmann
Und niemand geht mit mir,
Ich bitte Gott, daß ich den Weg
Zum Himmel nicht verlier.
(Söll)

Schaue vorwärts
nicht zurück
neuer Muth
ist Lebensglück
(Zwischen Wörgl und Kirchbichl)

Naht das Glück
sich deinem Haus
fang's und halt's
und laß's nit aus.
8

Links:

Nicht das Beginnen
wird belohnt
sondern einzig und allein
das Durchhalten

Rechts:

In Bauernarbeit
ist Volkes Brot
man bedenkt es erst
in großer Not

(An zwei Erkern in Kirchbichl)

Rühr keiner dies Haus an
Lasset es stahn!
St. Jörg schlag drauf und dran
So's einer getan!
(Unter einem Fresko des Hl. Georg in Itter)

Wirf weg,
damit du nichts verlierst!
(Unter einem Fresko der hl. Elisabeth in Itter)

Du sollst nicht arbeiten
wenn die Stunde des Herrn kömt.
(Unter dem Fresko der hl. Notburga in Itter)

Im Auftrag des Grüaner [Besitzer?]
machte mich schianer
der Innsbrucker Maler
Rafael Thaler.
(Itter)

Am Abend wird man
klug für den vergangenen Tag
doch niemals klug genug
für den, der kommen mag.
(„Stoahäusl" am Sonnberg - Niederau)

Es wird kein Ding
so schön gemacht
da kommt ein Spötter
der's verlacht
wärst früher du hergekommen
hätt ich Rat von dir genommen
doch jetzt geh' hin und
schweige still
es tut ein jeder wie er will.
1976
(„Stoahäusl" am Sonnberg - Niederau)

Gott laß dieses Haus bestehn
Und laß es Glück und Freude sehn –
So lange Östreich steht und hält!
Wenn Östreich aber sinkt und fällt,
Am selben Tag, zur selben Stund
Schlag' Gott dies Haus
in Grab und Grund!

(Rattenberg)

Es wünsch mir einer
was er will –
Gott geb ihm davon
dreimal so viel!

(Brixlegg)

Freund, schau auf dich
und nicht auf mich!
Hab ich einen Fehler
geh hin und bess're dich!
(Jagerhäusl - Reith i. A.)

Das Haus gehört mein
und doch nicht mein
Es wird auch nicht
dem zweiten sein
der dritte bleibt
auch nicht hier
dem Vierten gehts
gerad wie mir
Der Fünfte und Sechste
wandre draus
Jetzt sag mir
wem gehört das Haus?
Denke nach und
sag nichts aus
Wem gehört dies Haus?
1887
(Beim „Eggen“ in der Hygna/Reith i. A.)

Bin ein Fürst
hab doch kein Reich
Bin nur so
manchem Bauern gleich.
Lohne mir Gott
meine Müh und Fleiß
und jeden Tropfen
Arbeitsschweiß.
So ist es mir
so ziemlich gleich
Hätt ich sogar
ein Königreich.
Ich hoffe nur
auf Gottes Segen
An dem mir
so vill gelegen.
Dann hab ich Gott
zu jeder Zeit
mit Gottes Gnad
in Ewigkeit. 1889 J. F.
(Fürstenhof in Reith i. A.)

Gott schuf die Zeit –
von Eile hat er nichts gesagt!
(Unter einer Sonnenuhr in Reith)

Das Bauen ist des Menschen Lust,
Daß so viel kost, hab ich nicht gewußt.
Drum behüt dich Gott in solchen Zeiten
Vor Maurern und vor Zimmerleuten.
(Juffinger-Wirtshaus in Alpbach)

Das Bauen
das war meine Lust,
daß 's so viel Geld kost',
hab ich net gwußt,
Gott schütze mich zu jeder Zeit
vor Maurer- und vor Zimmerleit.
(früher am Achenwirt in Alpbach)

O Jammer, sagt das Eisen zum Hammer,
Warum schlägst du mich so hart?
Wir sind doch aus einer Art!
(Schmiede in Alpbach)

Gottes Schutz und Segen Walte
über diesem Haus
Schliß von Menschen
Vich und Gefahr
von Unglück aus
Und die heiligen Schutzbatrone
Leonhard und Nothburgarein
Mögen stets des hauses
Freunde und Beschützer sein.
(Bauernhaus beim „Kostenzer"/Pertisau 1705)

Bauernstand
ist Ehrenstand
erhält die Stadt
erhält das Land
er ist der Pionier der Zeit
und bleibt es bis in Ewigkeit.
(Marzenhof - Pertisau)

Ein Mann, der muß wohnen
in ander Leut Häuser,
Der ist ärmer als ein Kardäuser.
(Hart)

Ich achte meine Hasser,
So viel wie Regenwasser,
Das von den Dächern fließt.
Und ob sie mich beneiden,
Sie müssen's dennoch leiden,
Das Gott mein Helfer ist.
(Zillertal)

Wenn's Russenblut regnet
Und Italienerköpf schneibt,
Dann bitt'n wir den Herrgott,
Daß's Wetter so bleibt.
5. 6. 1915.
(An einer Zillertaler Almhütte)

Des Staates Macht und Kraft
Liegt in der Landwirtschaft,
Drum segne Gott den Bauernstand
Im herrlichen Tirolerland.
(Gallzein)

Das Beste ist auf dieser Welt
Daß Tod und Teufel nimmt kein Geld
Sonst müßte mancher arme G'säll
Für einen Reichen in die Höll

Isaak hat geschlachtet seinen Sohn,
So alt sind auch die Metzger schon.
(Metzgerei Mosmair Schwaz)

Der Menschen Lehr' und Kunst
Bleibt ewig Irrwischdunst!
Drum hause ich so gern
Hier von den Menschen fern.
(Pförtnerhäuschen/Schloß Freundsberg in Schwaz)

Das schönste Wappen auf der Welt
Das ist der Pflug im Ackerfeld.
(ehemalige Raiffeisenkasse Schwaz)

Wenn an ein jedes böses Maul
Ein Schloß soll ang'legt werden,
Dann wär die edle Schlosserkunst
Die beste wohl auf Erden.
(Schlosserei Lintner Schwaz)

Wir bitten all' in Freud und Not:
Gib uns, o Herr, das täglich Brot!
(Bäckerei Höck Schwaz)

Der Gott, der Eisen wachsen ließ,
Schuf auch die Eisenmänner.
Drum segne Gott noch überdies
Den Amboß und die Hämmer.
(Schmied Bichler Schwaz)

Behüt' dich Gott, mein lieber Gast,
Wenn du auch nicht gezahlet hast.
Das Essen ist der Freuden größte nicht,
Der Übel größtes aber ist der Durst.
(Gasthaus Einhorn Schwaz)

Was Natur gegeben,
Soll Wissenschaft beleben
Und die Kunst erheben.
(Gärtnerei Leo Schwaz)

Das ist das Beste auf der Welt:
Tod und Teufel nimmt kein Geld
Sonst müßt' so mancher arme G'sell
Für den Reichen in die Höll'.
(Schwaz)

Edle Arbeit fördert Werke,
Bringt uns Lohn für Müh und Fleiß.
Gottvertrauen gibt uns Stärke
Und verschafft den Ehrenpreis.
(Katholisches Gesellenvereinshaus Schwaz)

Mit dem ersten Glockenschlag
Bringt dir Glück ein neuer Tag.
(Schwaz)

All mein Anfang zu dieser Frist
geschah im Namen Jesus Christ
Er sei bei mir bis früh und spat
bis all mein Tun ein Ende hat
(Weerberg)

Das beste Wappen auf der Welt
Ist der Pflug im Ackerfeld
Und ein Bauer, der ihn ehrt
Ist Gott und Menschen ehrenwert.
(Beim Untern Mesner am Weerberg)

Wer a Hoamat hat
und nit drauf schaut,
Der ghöret mit an Knittel ghaut.
(In der Stube des Einbergerhauses in Fritzens)

103

A

W

A S G R A

H

A

Diese Buchstabeninschrift ist beim Loybauern auf Egg in der Wildschönau in der Stube auf der Holzwand inmitten eines grünen Kranzes gemalt. Der Buchstabe in der Mitte bedeutet Gott, und nach den vier Seiten ist zu lesen:

Gott hört alles
Gott sieht alles
Gott weiß alles
Gott richtet alles.

Außerfern und Seitentäler

Mein Haus ist meine Welt,
Grüß Gott, wem's drin gefällt!
(Reutte)

Ihr Gäste, rückt die Hüte!
Secht Hanns Paul Teutschens Haus!
Hier stieg ein Fürst voll Güte,
Der Kaiser Josef aus.
(Reutte)

Dieses Haus ist mein
und doch nicht mein,
Der nach mir kommt,
ist auch nicht sein,
Dem dritten wird es übergeben,
Dem vierten kostet's auch das Leben.
Den fünften trägt man auch hinaus,
Ach Gott, wem gehört
doch dieses Haus?

(Zwischentoren/Lähn)

Ach Gott,
wie geht es immerzu,
Daß jene, die mich hassen
und ich nichts thue,
Die mir nichts gönnen
und nichts geben,
Müssen doch leiden,
daß ich kann leben,
Wann sie auch meinen,
ich sei verdorben,
So müssen sie doch
für sich selber sorgen.

(Tannheim)

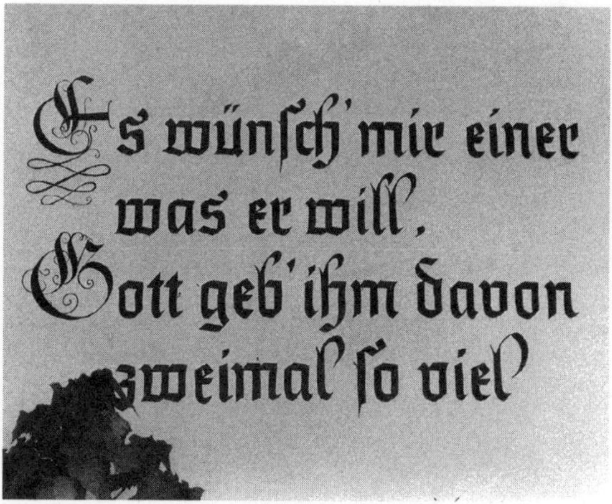
Es wünsch' mir einer
was er will,
Gott geb' ihm davon
zweimal so viel

Es ist selta a Schädle,
wo ka Nützle dabei ist.

Ich kam einst in ein fremdes Land,
Da stand geschrieben an der Wand:
Sey fromm und auch verschwiegen,
Was nicht dein ist, laß liegen! 1815.
(Schattwald)

Jeder Mensch ist hier willkommen
und wird in Liebe aufgenommen
und er darf auch wiederkommen,
wenn er sich als Mensch benommen.
(Ehrwald)

Nicht Glut noch Flut verschlingt
was Gottes Schutz umringt.
(Ehrwald)

Treu bei der Arbeit,
treu bei der Pflicht
Gott im Herzen
dann fehlt dir nicht.
(Ehrwald)

Neide dem, der höher steht,
nicht sein Glück, sei zufrieden,
jeder Mensch trägt sein Paket,
nur die Packung ist verschieden.
(Ehrwald)

Osttirol

Der Bauer
Wer stets in Treuen schafft sein' Sach',
Darf stolz sein auf sein Tor und Dach.
Es sitzt kein Fürst so hoch im Land,
Er nährt sich durch des Bauern Hand.
(Osttirol)

I · II · III · IV · V · VI · VII · VIII · IX · X · XI · XII
Zum Anfang
Das neue Jahr es gibt und nimmt:
Drum leg in dessen Hände,
der Welten, Ziel und Zeit bestimmt
den Anfang und das Ende!
Trag Du mit Freuden Deine Last
und lass Dir nichts verdriessen:
Was Du mit Gott begonnen hast,
kannst Du mit Gott beschliessen.

Südtirol

Des Morgens ist ein Bier so gut,
Desgleichen zu Mittage,
Des Nachmittags nicht Schaden tut,
Macht Abends keine Plage.
Herentgegen soll ein Branntewein
Um Mitternacht nicht schädlich sein.
(Wirtshaus in Bruneck)

Das Wasser ist zu jeder Zeit
die beste aller Gottesgaben,
mich aber lehrt Bescheidenheit:
Man muß nicht stets
vom Besten haben.
(Haus in Klausen, das unter
Überschwemmungen besonders gelitten hat.)

Wassertrinken heilt den Magen
Neue Kräfte gibt das Baden.
(Altes Bauernbadl in Südtirol)

Wer will bauen lassen
bei Weg und Strassen
muss Heiden und Narren
röden lassen.
Kost es wenig oder vihl
kheiner kumt und
zahlet es mir. 1813
(Moarhof in Katharinaberg im Schnalstal)

IN : 17. AUF GOT : VNT : VNSERER
:LIEWEN: FRAVEN: SECZ : ICH: MEI-
NE : HOFNVNG: VNT: VERTRAVEN:
99. IAHR :
MEISTER : CHRISTOF :
OWERKHOFLER:
HAT : MICH : AUFGESTELT : WEILS :
DER : IOHAN : SCHWABL : SO : HAT:
HAWEN : GWÖLLT :
FIL : LEIT : HAWEN: GELACHT: VON:
DEM: GEPEI: KOM: EINER: SAG: MIR:
WO : DER : FELER : SEI :
WER: NICHT: ZALT: DEN: GET:NICHT:
AN : ES : HAT: WOL: ÖFTER: EINER:
NARET : GETAN :

(Gamperstadl in Jenesien)

17 WENETICHT FVRGLER
+ GORBLTEB 77
WER WIL BAVEN PEI TER STRASEN
MVES DIE LEIT RÖTEN LASSEN.
(Beim Treinler im Jenesier Unterdorf)

Es ist auf Erden kein' bessre List,
Als wer seiner Zunge Meister ist.
Viel wissen und wenig sagen,
Nicht antworten auf alle Fragen;
Was du redest, mache wahr,
Was du kaufst, bezahle bar,
Laß einen jeden sein, wie er ist,
So bleibst auch du, wer du bist.
(Vinschgau)

Ich glaube, daß ich sei der Herr im Haus,
Wan keiner kombt und treibt mich aus.

(Pustertal)

Viel Wesen mag ich nicht,
Der Falschheit bin ich feind;
Der 's redlich mit mir meint,
Der ist mein bester Freund.

(Pustertal)

Wer mich ausricht,
Gedenkt sein nicht;
Gedenkt er sein,
So vergißt er mein.
(Pustertal)

Was du kannst heute thun,
Das spare nicht auf morgen;
Vertraue deinem Gott
Und laß das schwere Sorgen.
(Pustertal)

Sei treu in deim Beruf
Und bete Tag und Nacht,
So wird vom Himmel dir
Der Segen zugebracht.
(Pustertal)

Mit Gott thu alles fangen an
So wirst du Glück und Segen han;
Dem Menschen Fleis gar nicht glingt,
Wo Gott nicht seinen Segen bringt.
(Pustertal)

Wenn das Haus so lang nur steht
Bis aller Neid und Haß vergeht
Dann bleibt es fürwahr so lange stehn
Bis die Welt wird untergehn.
(Pustertal)

O hl. Florian
Sei du kein Fadian.
Bewahr das Haus vor Feuerslicht,
Damit kein Unglück g'schicht.
(Pustertal)

Warum die Leut' so fröhlich sein?
Ich halt es mit der Erdenpein,
Und komm dafür in Himmel nein.
(Pustertal)

Des Morgens bet' zu deinem Gott,
Des Mittags iß vergnügt dein Brot,
Des Abends denk an deinen Tod,
Des Nachts verschlafe deine Not.
(Bauernhaus am Ritten)

Bitt für uns o heiliger Nicosius
Und bewahr uns vor den schädlichen
Tieren, den Mäusen.
(Sand im Taufers)

Dieses Haus stand in Gottes Hand,
Und ist dreimal abgebrannt,
Und das viertemal ist wieder aufgebaut
Und jetzt dem heiligen Florian
anvertraut.
(Sarntal)

A Lieb, die recht stark is,
die plaudert net gern,
wies Wasser, des tief is,
nit rauschen wirst hörn

Will ein Freind ins Haus eintreten,
der kommt nie zu früh,
Andre so sind ungebeten,
finden d' Haustuer zu.
(St. Walburg, Ultental)

Friede sey in diesem Haus,
wer da geh' ein und aus.
(Ultental)

Gegenwärtiger Welt=Lauf:
Die Redlichkeit ist aus der Welt gereist,
Die Aufrichtigkeit hat sich versteckt,
Die Frömmigkeit kann
den Weg nicht finden,
Der Helfer ist nicht zu Hause,
Die Liebe der Nächsten ist krank,
Die Huldtätigkeit sitzt im Arrest,
Der Glaube ist ziemlich erloschen,
Die Tugend geht betteln,
Die Wahrheit ist schon lange vergraben,
Der Kredit ist närrisch worden,
Das Gewissen hängt an der Wand,
Die Geduld überwindet alles,
Alle sagen immer
Die Zeiten werden schlimmer.
Ich aber sage nein,
Es trifft viel besser ein,
Die Zeiten bleiben immer,
Nur die Leute werden schlimmer.
(Laimer-Unterötzbauer in Dorf Tirol)

Salzburg

Gott möge
dieses kleine Haus verschonen
vor jedem, der nicht Frieden halten will,
er lasse nie viel Weiber darin wohnen,
wenns drei nur wär'n,
sind zwei zu viel.
(Salzkammergut)

Wer Bier verfälscht
und Weine tauft,
Ist wert,
daß er sie selber sauft.
(Mülln/Salzburg)

Ich laß den Neider neiden
Und den Haßer haßen
Und was mir Gott beschert,
Muß mir Haßer und Neider lassen.
(Salzburg)

Der Neider gibt es leider viel,
Der Spötter auch nicht minder,
ich bau das Haus, wie ich es will,
für mich und meine Kinder.
(Salzburg)

Die Wolle, die man hier gewinnt
und an dem Rad zu Garne spinnt,
die wird allhier zu Tuch gemacht
und ferner nach der Walch gebracht.
Es folget Farb und Scher hierauf,
womit es fertig zum Verkauf.
Der Frächter führt es über Land,
der Kaufherr prüfts mit kundger Hand,
zur Auswahl liegt das Tuch bereit
und Jedermann wählt hier sein Kleid.
(Textilhaus Salzburg, Getreidegasse)

Hic habitat felicitas -
nihil intret mali.
(Hier wohnt das Glück,
nichts Böses
möge eintreten)
(Salzburg, 1841)

Das Leben gleicht dem Kartenspiele:
Bewegt und unberechenbar,
Geleitet uns der Schicksals Wille
Durchs Leben oft ganz wunderbar.
Das Schicksal mischt und
teilt die Karten,
und Jedermann erhält sein Spiel,
auf seines Lebens Wanderfahrten
kommt jeder doch einmal ans Ziel.
Der eine spielt sein Spiel verwegen,
der Andere spielt es mit Bedacht,
dem Einen eilt das Glück entgegen,
den Andern stürzt es über Nacht.
Der eine kann die Zeit erwarten
und spielt im rechten Augenblick,
der Andre prahlt mit seinen Karten
und zwingt doch niemals so das Glück.
Gar mancher glaubt, was er gewonnen,
das sei von ewigem Bestand
und morgen ist in nichts zerronnen,
was er noch heut als Glück empfand.
So schreiten wir ins Unbekannte,
der eine arm, der andre reich,
am End der große Abgesandte,
der macht uns alle wieder gleich.
(Salzburg, 1927)

Auf Gott und Unßer Liebe Frau
Stötz ich Mein Hoffnung und Vertrau.
Gott behiedt dißes Haus und alle die
Gehen Ein und aus.
Gott behiedts von Feuer
und Wassers Nodt
Und auch von dem Gächen Todt.
Mein Destemendt Solt ßein
Beim End Jesus Maria Und Josef.
(Salzburg, 1700)

Wer bauen tut ein schönes Haus,
Dem geht oft's Geld im Beutel aus.
Ich bau dies Haus nach meinem Sinn,
Gott schütz und schirm uns alle drin.
(Arnsdorf bei Salzburg)

Das ist eine schwere Reiß,
Wenn man den Weg nicht weiß,
Frage Jesu, Maria und Josef,
Diese drei heiligen Leut
Zeigen dir den Weg zur Ewigkeit.
(Elixhausen)

Wer bauet an der Straßen,
Muß die Leute reden laßen,
Gott gib mir die Gnad dazu,
Daß ich niemand Unrecht thu.
Den gefällts dem andern nicht,
Den Brein, der einen nicht brennt,
Den soll er blasen nicht.
(Gamp bei Hallein)

Was an meines Vaters Haus
Einstens stand, das steht auch hier,
Nimmer bleibt der Segen aus,
Wo solcher Spruch des Hauses Zier.
(Gnigl, 1861)

Das Müllerleben
Hat Gott gegeben,
Das mallen bei der Nacht
Hat der Teufel aufgebracht.
(Mühle in Hallwang)

Des Hauses Zier ist Reinlichkeit,
Des Hauses Ehr Gastlichkeit.
Des Hauses Glück Zufriedenheit,
Des Hauses Segen Frömmigkeit.
(Midalgut in Hallwang)

Verachte nicht Mich und die Meinigen,
Betrachte zuvor Dich und die Deinigen,
Findest Du ohne Fehler Dich,
Dann komm und verachte mich.
Ich lach dazu und denk dabei,
Kein Mensch auf der Welt ist fehlerfrei.
(Liefering)

Die Leute sagen immer,
die Zeiten werden schlimmer.
Die Zeiten bleiben immer,
Die Leute werden schlimmer.
(Mauterndorf/Lungau)

Mit dem Raifen
bind ich das Fas.
Ach wie lust mich
Nach dem Praunen Glas.
Wann alle Gläser Fäser wern,
Hett ich zu Bindten alle Herrn.
(Auf dem Hausschild eines Faßbinders
in Michaelbeuern)

O heiliger
St. Florian und St. Sebastian
Wir rufen Euch um
Schutz und Vorbitt an.
Daß der barmherzige Gott
uns gnädig möcht bewahren
Vor Krankheit und Pestilenz,
wie auch vor Feuers Gefahren.
(Parsch)

Wenn wir schiffen,
Wenn wir gehen,
Laß uns Jesum beistehen
Als Leit- und Gnadenstern.
(Oberndorf a. d. Salzach)

In deinem Namen schlaf' ich ein,
Laß mich dir, Herr, befohlen sein.
(Ramsau)

Gott und des Meisters Hand
Verdankt dieß Haus deinen Bestand.
Beschützen mags der Herr allein,
Und Hüter dieser Wohnung sein.
Auf Ihn setz ich meine Zuversicht,
Er wende ab sein Strafgericht
Und laß es frei von Unglück sein,
Bis ich es kann bei Ihm erfreun.
(Scherting, 1837)

O Maria, Jungkfrau rein,
Laß uns ewig bei dir seyn,
Beschütze unser Haus und Rinder,
Und die Ochsen die Kinder!
(Saalfelden)

Ich kehre mich nicht dran
Und laß die Leute lüegn.
Wer kann den jedermann
Das lose Maul spiern.
Ich kann nicht besser leben,
Als daß ich dazue lach',
So habens sie vergebens
Sich viel Mühe g'macht.
(Wiesthal)

Übriges Österreich

Ich lieb alle liebe getreye Herzen,
die gerne lachen und
schön freundlich scherzen.
(Oberösterreich, 1687)

Der Ochs besteht aus
Fleisch und Bein
zum Laufen.
Drum kann ich das
Fleisch ohne Bein
nicht verkaufen.
(Hallstatt/Oberösterreich)

Gott hat es mir auch anvertraut,
Daß ich ein Haus
hab' an die Straß' gebaut,
Darinnen will ich leben fromm,
Bis ich zu Gott in den Himmel komm'.
(Ried im Innkreis, 1769)

Mit Gott thu alles fangen an
So wirst du Glück und Segen han.
Des Menschen fl[e]is gar nichts gelingt
Wan Gott nicht seinen Segen bringt.
(Ried, 1769)

Gott fürchten macht selig
Bier trinken macht fröhlich.
Drum fürchte Gott und trinke Bier
Dann bist du fröhlich und seelig allhier.
Viel denken, wenig sagen
Deine Not nicht jeden klagen
Dich in Glück und Unglück
willig schicken,
Ist eins der größten Meisterstücken.
(Wanghausen/Oberösterreich)

In der Tarverne hiere,
Gibts mehr als gutes Biere,
Gibt Fett und mager Fleisch, gar
Kraut und Schinken
Gans und Ent und Huhn
am Spieß dir winken.
Edle Gäste kombt
verkostet mit Lust den Wein
und auch der edle Gerstensaft
mag Euch willkommen sein.
Ihr Gäst ich biett euch dar
den Edlen Rebensaft
den Adler macht er Flueg
den Löwen guete Kraft.
Röd' und rühr dich
Arbeit und wiehr dich
Hast im Topf ein Han,
Bist ein angeseh'ner Mann.
(Wanghausen/Oberösterreich)

Auch im Hafen ist nicht Ruh',
Kommt nicht die Ruh',
In der Brust dazu.
(Traunsee)

Ich Hans Prasser
Trink lieber Wein als Wasser;
Tränk ich lieber Wasser als Wein,
Würd ich kein Prasser sein.
(Wiener-Neustadt/Niederösterreich)

Willkommen, Fremdling oder Freund,
Sollst sorglos bei uns weilen,
Und all was Herz und Haus dir beut
Recht fröhlich mit uns teilen.
(Schloss Hart bei Graz/Steiermark)

Behüt' deine arme Seel',
's gibt kein' Tischler in der Höll,
aus Grund dessen nichts zum Sitzen;
als ein Stehender mußt du schwitzen.
(Tischlerwerkstatt bei Graz/Steiermark)

Pestilenz und Noth ein Uebel ist,
Krieg ein arger Zeitvertreib,
Schlimmer als des Teufels
Tück und List,
Gott behüt uns,
ist ein böses Weib.
(Bognergasse, Wien)

Schweiz

Wenn einer tausend Tugend übt,
Und nur ein einzig Laster trübt,
Die Tugend wird vergessen,
Das Laster wird gemessen.
(Aargau)

Kommt ein Langer, so will ich sagen,
Daß er den Kopf nicht soll anschlagen,
Die Stube ist allein für die,
Die den Kopf hochtragen nie.
(Appenzell)

Die Höhen trifft der Sturm
und trifft sie öfters gar;
ein niedrig Haus besteht,
groß Haus hat groß Gefahr.
(Chur)

Dies Haus steht in St. Florians Hand,
Verbrennt es, ist's sein eigne Schand.
(Klosters)

Was ich in Sorg und Müh gebaut
kann ich nicht lang besitzen
Dieses Haus, das Gott mir anvertraut
wird einst ein Anderer nietzen.
Ein Anderer kommt und nimmt es ein
dann werd ich vergessen sein.
18 Hans Jann Barbara Kaspar 29
(Klosters)

O Friede,
wie bist du so ein edler Schatz,
Und hast bei den Leuten
so wenig Platz.
(Markthaus in Luzern)

Wenn Hass und Neid
würd brennen wie das Feuer,
So stünd weder Haus noch Scheuer.
Wurde aber durch Gottes Hülf
aufgericht den 5. Tag May
der Jahres tausend
achthundert fünfzig und fünf.
(Maur/Kanton Zürich)

Die jetzige Stund
und das zeitliche Glück
schleicht hin
in einem Augenblick.
(Thun)

O Gott
bewahre dieses Haus
vor Unglück und Brand
Und die darin wohnen
vor Sünd und Schand.
(Vättis, 1791)

Willst du leben lang und gesund,
Iß wie die Katz', trink wie der Hund.
(Weinstube in Zürich)

Hier ist das Haus zur Sunnen,
Wer kein Geld hat,
geh' zum Brunnen.
(Schweiz)

Herr, in deinem Namen geh ich aus,
Bewahr allzeit das ganze Haus.
Meine Hausfrau und
auch die Kinder mein
Laß dir, o Gott, befohlen sein.
(Schweiz)

Leb ehrbarlich und frag nicht hoch,
was andre Leut dir sagen nach;
denn es in deiner Macht nicht steht,
was dieser oder jener redt.
(Schweiz)

Wer guter Meinung kommt herein,
der soll uns lieb und willkomm sein;
wer aber anders kommt herfür,
der bleibe lieber vor der Tür.
(Schweiz)

Wer Andere will verachten,
Soll sich selbst betrachten.
Ist er fehler- und tadelfrei,
So dank' er Gott,
daß er in diesem Stande sei.
(Schweiz)

Bayern

Bürgereintracht, Bürgertreue
Strahle hier als schönster Stern
Und ein jeder von uns weihe
Sich gemeinem Wohle gern.
Die Gemeinde ist nicht fest
Durch Mauer und Stein.
Durch Bürgertugend
Nur kann sie es sein!
(Bad Tölz, Rathaus)

Vivat zur Rechten,
Vivat zur Linken,
redliche Freudschaft
versüsset das Trinken.
(Bad Tölz, ehem. am Weinhaus Schweighofer)

Christof truge Christus
Christus truge die ganze Welt.
Sag, wo hat Christoforus
damals hin den fues gestelt?
(Bad Tölz/Sporerhaus)

Ein Wirt fürs Volk bin ich,
dem durstigen Bürger dien' ich
Wer recht bezahlt, erfreuet mich,
nur Halunken scheuen mich.
Schlag dir die Sorgen aus dem Sinn
Und denk nicht an die Hauskreuzspinn!
(Bad Aibling, Gasthaus)

Wenn ich könnt die Jungfern zieren,
Wie die Häuser renovieren,
Wäre ich Meister in der Welt
Und hätte mehr als jetzt an Geld.
(Bad Aibling, Wohnhaus eines Malers)

Friede, Freude, Fröhlichkeit,
Walte stets in diesem Haus,
Gott behüte alle Leut,
Die da gehen ein und aus.
(Bad Aibling)

In alten Chroniken steht's zu lesen,
Wie mit Bildern geschmückt
sonst die Häuser gewesen,
Und wie lustsam die Gassen
der Stadt sie gemacht:
daß es wieder so werde,
ist der Maler bedacht.
(Bad Aibling)

Mein Haus ist meine Welt
Grüß' Gott, wem's drinn gefällt.
Friede im Haus
Bringt Glück voraus
Flüchtig ist die Zeit
Morgen ist nicht heut.
(Feilnbach bei Bad Aibling)

O Mensch betracht mich recht
Ich bin der arme Niemand
und aller Menschen Knecht.
Mir ist das Gesicht verbunden,
daß ich nicht sehen kann
der Menschen Dun und Lassen
worumb sie mich hassen
und gar oft lügen an;
was immer beseß geschich
ob wollen Ehr nit sicht
so hatt erß doch getan.
Wer bautt an die gasen
mueß alle Reden lasen
die leitt, die Retten vill
ich due mein dail denchen
und schweige immer stil.
der niemand hats erbautt,
der niemand hatts gemohllen,
der Niemand duett drein zallen
so derfs im auch nit gefalen.

(abgebildet ein Mann mit
verbundenen Augen)
(Garmisch, 1767)

Wann das Feuer nit
genommen hätt yber Hand,
Wer dieß Haus
niht kommen in Brand,
Unßere sünden zintenß an
Und der Niemand hats gethan.
(Mittenwald, 1764)

Schauge auf dich und nicht auf mich
Thute ich unrecht so hiete dich
Liebe Gott u. auch den negsten dein
wirst hier und dorth glichsellig sein.
(Mittenwald, 1797)

Man bauet Häuser hoch und fest
und sind darin nur fremde Gäst
wo wir aber sollen ewig sein
da bauen wir gar wenig ein.
1764 K(arner pinxit)
(Mittenwald, Holbeck)

Korn und Kern
Halten Hungersnot fern.
Bäcker, back' tüchtig,
Richtig, gewichtig.
(Brothaus des Rathauses München)

Der Augenblick, in dem du lebst,
ist dein, drum nütz' ihn aus -
und jage die Sorgen zum Herz,
zum Hause hinaus!
(München am Roseneck)

Es wünscht uns einer was er will
Gott gebe ihm nochmal so viel.
(München, 1905)

Ich rathe dir ins Haus
ein freundlich Weib zu führen
So wirst du Freundlichkeit
an allen Ecken spüren.
(München/Lessingstraße)

Mög' Alle, die an mir vorüberschreiten,
ein guter Stern durchs Leben leiten.
(München)

Zum Morgenstern, so ist benannt
dieß Haus, so steh in Gottes Hand
Solang die Isar strömt vorbei
Steh Gott ihm stets in Gnaden bei.
Und die darinnen ihr Gezelt,
Zur Pilgerschaft für diese Welt
Aufschlugen, sollen Gott den Herrn
Erkennen auch im Morgenstern.
(München, Am Gries, 1875)

WENN ES ABEND WERDEN WILL
UND DAS ROTH VERGLIMMET STILL,
SCHWEIGEN VÖGLEIN, QUELL UND BACH,
NUR DAS GLÖCKLEIN IST NOCH WACH.
BLICK EMPOR ZUM ABENDSCHEIN,
SOLLS VIELLEICHT DEIN LETZTER SEIN:
BIST NICHT FÜR DIE ERDE DA!
AVE MARIA!

Was ist mein Stand mein Glück
und jede gute Gabe
ein unverdientes Gut.
Bewahre mich so Gott
von dem ich alles habe
vor Stolz und Übermuth.
(Gasthof Stern/Oberammergau)

Wenn dieses Haus
solange steht
bis aller Neid
und Haß vergeht,
dann bleibts fürwahr bestehn
bis daß die Welt wird untergehn.
(Weinstube zum Brems/Oberammergau)

O Sanct Johannes
uns bewahr
in aller Noth
und Wassergfahr
Erhalte unß
in deiner Gunst
und unß errett
von der Feuersbrunst
durch deine bitt
wolst unß erwerben
daß wir nicht
in sündten sterben
Mit dir ermessen
d'Ewig Freidt
und Loben Gott
in Ewigkeit.
(Oberammergau)

Der Straße zur Zierde
Apfelkam zur Würde
Mir zur Freude
Schmück ich dieß Gebäude.
(Rosenheim/Apfelkam, 1821)

Drückend ist des Tages Schwüle,
Rauh und dornig seine Bahn,
Suche darum sanfte Kühle
In dem Bräuhaus nebenan.
(Rosenheim/Schlossberg)

Viele Köpfe viele Sinnen
Wer macht's recht in allen Dingen?
Einigkeit ein festes Band
Hält zusammen Leut und Land.
(Rosenheim)

Wenn in der Welt ein Handwerksmann
Sein Fleiß und Mut tut wenden an,
Tragt solches ihm sein Nahrung ein,
Wie immer mag das Wetter sein.
(Tegernsee)

Das Winkelmaß hat Kunst genug,
Wenn man es braucht an Ortes Fug,
Willst richtig bauen, so thut dir noth
Daß du oft sehest nach dem Loth.
Es wird kein Ding so schön gemacht,
Es kommt ein Spötter, der's veracht.
Wärst du früher hergekommen.
Hätt ich Rat von dir genommen.
Drum gehe hin und schweige still,
es baut ein jeder wie er will.
(Traunstein)

Der Jurist mit seim Buch,
Der Jud mit seim Gsuch
Und was unter der Frauen Fürtuch
Dieselben drei Geschirr
Machen die ganze Welt irr.
(Wasserburg)

Deutschland allgemein

Die Zeit teilt, heilt, eilt.
(Augsburg)

In beigesetzter Jahreszahl
Kam hier bei einem Hochzeitsmahl
Ein erst verborgenes Feuer aus,
Verheerte schnell das ganze Haus.
Doch unter Gottes Segenshand
Kam es auch wieder so zustand,
Er woll' uns künftig vor Gefahren
Durch seiner Allmacht Huld bewahren.
(Steppach bei Augsburg, 1814)

Was steht ihr hier vor meinem Haus,
Und laßt die bösen Mäuler aus?
Ich habe gebaut, wie's mir gefällt,
Es hat mich gekostet
ein schön Stück Geld.
(Bredenborn)

Dies Haus ist mein,
Und doch nicht mein,
Wer nach mir kommt,
Bleibt auch nicht drein;
Meine Wohnung soll
im Himmel sein.
(Bredenborn)

Die Wahrheit ist 'gen Himmel gefahren,
Die Freiheit ist über das Meer geflogen,
Die Gerechtigkeit tut hie
zu Schanden werden,
Weil Unrecht ist geblieben auf Erden.
(Bredenborn)

Bauen war eine Lust,
Aber was es gekost',
Hab' ich vorher nicht gewußt.
(Brütten, 1800)

Ach, fliehe, lieber Mensch,
aus diesem Weltgetümmel,
Geh' in dein Kämmerlein,
das sei dir als ein Himmel,
Darin du lesen sollst,
auch beten und betrachten,
Beweinen deine Sünd'
und lernen die Welt verachten.
(Brütten, 1803)

Und immer um mein Bette steh'n,
Laß ihn das Unglück von mir treiben,
Auf mich und alle Frommen seh'n,
So schlaf ich sanft in Gottes Hut,
Der auch im Schlaf mir gutes tut.

(Brütten, 1814)

Habe ich ein Haus und etwas Feld,
So ist es gut für mich bestellt,
Nehme den Pflug und Spaten dazu,
Arbeite fleißig und lebe in Ruh.

(Crailsheim)

Ihr Engel kommt, deckt meinen Ort
Mit eurer Flügel Wacht,
Ich schlafe schon, doch noch ein Wort:
Mein Jesu, gute Nacht.

(Deckenpfronn)

Es freuet sich ein Wandersmann,
Wenn er trifft ein gut' Wirtshaus an,
Wo Wirt und Wirtin freundlich sein,
Kehrt man am allermeisten ein.

(Elgg)

Beachte dich und das Deine,
Veracht nicht mich und das Meine,
Tätst dich und das Deine
recht beachten,
Würdst mich und das Meine
nicht verachten.
(Frankfurt)

All Dingk wert vergahn,
Gotts Wort blist ewig stahn.
(Hamburg, 1647)

Mancher ist arm bei großem Gut,
und mancher ist reich bei Armuth.
(Hildesheim, 1560)

Gah fröhlich in,
gah fröhlich ut,
sei draus und drin
in Gottes Hut.
(Hannover)

Alterthum bin ich geworfen nieder
Durch Gottes Macht und Menschen hülf
So steh ich hier wieder
(Herten, 1832)

Anno 1789 den 11 Ivnius
hat Diderich Hofman und
Anna Chatarina Wessels
haben dis wan Got das Haus
nicht bauen lithe wie David sagt
so bauet man umsonst
wie iener Vatter klact
im Nahmen Gottes sol
sodan der Bau geschehen
Got der huter sein
so wird das Haus steen
(Herten, 1789)

Beware uns
O Got für Unglück U Brand
U segne uns mit voller Hand
(Herten, 1786)

Durch Gottes Hand und milder Segen
Brachten wier dieses Haus zuwegen.
So oft wier gehen aus und ein
Soll unser Härtz stäts danckbar sein.
(Herten, 1842)

Gott wollte diesen Bau bewahren
fuer Feuer und allen Schaden
und halte ihn zu jeder Zeit
auf einer guten Ernte breit.
(Herten, 1860)

Einigkeit ein festes Band,
hält zusammen Leut und Land.
(Hochaltigen)

Weise Sprüche gute Lehren
Soll man üben, nicht blosz hören
(Herten, 1858)

Das größte Haus ist klein,
das kleinste Haus ist weit,
wenn dort regiert der Schein
und hier Zufriedenheit.
(Kassel)

Hir maht thu lernan
Guld bewervan
Welog inde wisduom
Sigi lob inde ruom.
(Hier kannst du lernen
Gold zu erwerben,
Reichtum und Weisheit
Siegeslob und Ruhm.)
(Köln, 1571)

Geht ein und aus
mit frommem Sinn,
Dann wohnen frohe Leute drin.
(Hallermühle im Leinetal)

Wer nicht kann Spaß verstehen,
Muß nicht unter Leute gehen.
(Bürgerverein Lübeck)

Eintracht daheim;
draußen Friede!
(Lübeck)

Metdelen und wat giewen
mäk nich aam.
(Münster)

In Nord und Süd,
de Welt is wit.
In Ost und West
dat Hus is't best.
(Oldenburg)

Wenn die Herren
im Rathaus sitzen,
Die Handwerksleut'
in der Arbeit schwitzen,
Die Bauern auf
das Feld ausgeh'n,
So muß das Land
in Frieden steh'n.
(Osnabrück)

Der Mensch gleich einer Blumen ist,
die in der schönen Frühlingsfrist
des Morgens an der Blüte stehet,
des Abends hinfällt und vergehet.
(Oberhessen)

Willlst du sein ein guter Christ,
Bauer, bleib' auf deinem Mist,
Laß' die Narren Freiheit singen,
Düngen geht vor allen Dingen.
(Auf der Warte bei Paderborn)

Aller Menschen Sinn und Mut
Geht auf Ehre, Geld und Gut,
Und wenn sie's haben und erwerben,
Dann legen sie sich hin und sterben.
(Paderborn)

Ich liebe Gott und laß denselben walten,
beschlage Pferd und neue Wägen
und reparier die alten.
(Pichling)

Viele Menschen gibt's auf dieser Welt
Streben alle nach dem guten Geld!
Und wenn sie das erwerben,
So legen sie sich hin und sterben.
(Rainhausen)

Kriegesnot und Elendszeit
gaben diesem Bau Geleit.
Man baute daran sieben Jahr.
Gott, schütz ihn jetzt und immerdar.
(Rietberg, 1946)

Geschlechter kommen,
Geschlechter vergehen;
laß, gütiger GOTT,
den Hof bestehen.
(Rüschendorf, 1951)

Die da schlafen auf einem Kissen,
Bekommen einerlei Gewissen.
(Sauerland)

Die Stubentür geht auf und zu.
Im Himmel ist die ew'ge Ruh'.
(Stadel)

Got hat den gewalt,
der mensch den wân.
Got weit huld und rat
wen aller menschen trost
ein ende had.
(Stadthagen, 1502)

Die Höhen trifft der Sturm
Und trifft sie öfters gar.
Ein niedrig' Haus besteht,
Groß' Haus hat groß' Gfahr.
(Thur)

Wünsche dir nie
ein Glück zu groß
Und nie ein Weib zu schön,
Der Himmel könnte dieses Los
Im Zorne dir zugesteh'n.
(Tochem/Burg)

Wer geistlich hungrig ist,
Der flieh' zu Jesu Christ,
In seinen off'nen Armen
Wird auch sein Seel' erwarmen.
(Turbental)

Wer hofft in Gott
Wird nicht zu Spott.
(U. Stammheim, 1679)

Laß deinen Mund verschlossen sein,
Dann schluckst du keine Fliege ein.
(Wartburg)

Die Alten ehr, die Jungen lehr,
dein Haus ernähr, des Zorns dich wehr.
(Wismar, 1660)

Mein Haus hab ich miesen pauen,
blos wegen groser wasser Noth,
im Wittib Stand bin ich gewesen,
das weis der Liebe Gott.
(Witzldorf bei Vilsbiburg, 1814)

Unter Dach und Fach.
O Gott Ich bit
bewahr mein trit
so fall ich Nit.
(Wyla - über einer Treppe, 1701)

Tiroler Hausspruch

(GEROLDSMÜHLE BEI GÖTZENS)

WEISE: JOS. ED. PLONER

Die Landwirtschaft, der Bauernstand
Sind Stützen für das Vaterland;
D'rum, deutsches Volk, sei auf der Hut,
Schütz' Ackerbau, dein höchstes Gut!
Treu den Sinnen, treu dem Glauben
Uns'rer Ahnen, schlicht und recht!
Treu bewahren wir die Scholle
Für das kommende Geschlecht!
Einer Farbe, einem Glauben,
Einer Sitte zugetan,
Häng' ich, wie die fromme Taube,
Meiner lieben Heimat an.
Wo ich lebe, will ich sterben,
Wo ich sterbe, ruht sich's gut!
Des Vaterlandes Kraft und Macht,
Sie lieget in der Landwirtschaft!
(York - „buntes Haus")

Allgemeine Sprüche

Hab dieses Haus mit Strebsamkeit
Erbaut in harten Zeiten,
Möge Gott auch fernerhin
Mit Segen uns begleiten.

Das größte Glück für jedes Heim,
Das war zu jeder Zeit,
Wird es auch in Zukunft sein:
Die eigene Zufriedenheit!

Was du gesät in deinem Leben –
wird im Tod dir mitgegeben.

Geh schnell vorbei,
bleib nicht lang hier,
das rat ich dir.

Mensch sei nicht stolz
Auf Glück und auf Geld,
Es lenkt ja verschieden
Das Schicksal die Welt.

Was du gesät in deinem Leben -
wird im Tod dir mitgegeben.

Wir wollen mit unsern Nachbarn nur
In bester Freundschaft leben,
Wollen Gott auch bitten,
Vor Feindschaft uns zu hüten.

Vergeßt die schlimmen Tage,
Es macht euch ja nur Plage,
Denn mit Unmut hier auf Erden
Kann niemand glücklich werden.

Wer Gott hat vergessen,
Der Welt gehört an,
Ist sicher im Tode
Ein ganz armer Mann.

Was nützt dir der Name Christ,
Wenn du kein Christ im Leben bist.

Wenn der Herr zum Glase greift,
so greifen die Knechte zum Kruge.

Oft kommt Reue nach dem Eilen,
Bedächtigkeit ist Glück zuweilen.

Was bist du in der Welt?
Ein Gast, ein Fremdling
und ein Wanderer,
Wenn du kurze Zeit Haus gehalten hast,
So erbt dein Geld ein anderer.

Man muß sich oft bücken,
eh' der Sack voll ist.

Gott Vater schütze dieses Haus
Dein Segen gleit uns ein und aus
Bewahre Mann und Weib und Kind
In treuer Lieb dir wohlgesinnt,
Dass jedermann an diesem Herd
Dein Hausgenoss im Himmel werd.
1605

Wer mit dem Leben spielt,
Kommt nie zurecht;
Wer sich nicht selbst befiehlt,
Bleibt immer Knecht.

Es öffnete wohl Tür und Tor
So mancher schon dem Glück,
Doch blieb er selbst nicht mit dabei
In seinem Haus zurück.

Wo Glaube, da Liebe,
Wo Liebe, da Friede,
Wo Friede, da Gott,
Wo Gott, keine Not.

Alles ist in Gott gelegen,
Menschen richten wenig aus;
Gib, o Herr, nur deinen Segen
so ist wohlbestellt das Haus.

Dein' Ein- und Ausgang
Gott bewahr
vor falschem Freund
und aller G'fahr.

Die Leute sagen immer:
Die Zeiten werden schlimmer,
ich aber sage: „Nein!
die Zeiten bleiben immer,
die Leute werden schlimmer."

Wenn Gott des Bauern
Hand nicht segnet,
ach, Herr,
wer schafft uns dann ein Brot?
Dies haben viele eingesehen
in der so teuren Hungersnot.

Dieses Haus stand in Gottes Hand
Und dennoch ist es abgebrannt
Wir haben es wieder aufgebaut
Und dem heiligen Florian anvertraut.
Dies Haus hier steht in Florians Hand
verbrennt es, ist's ihm selbst eine
Schand.

Dies Haus baut ich
Für mich und dich;
Bin ich nicht mehr/
So denk an mich.

Es entgehet einer oft der Straff,
aber dem bösen Gewissen nicht.
(1662)

Eine gute Sache, frischer Muth
im Unglück fest bestehen thut.

Die Frau im Haus, so selber wacht,
aus einem Pfennig zehne macht.

Die Alten ehre stets,
du bleibst nicht ewig Kind;
sie waren, wie du bist,
und du wirst, was sie sind.

Wo der Herr nicht das Haus baut,
so arbeiten umsonst,
die daran bauen.
(Psalm 127)

Es ist kein Häuslein,
es hat sein Kreuzlein.

Es ist kein vögelin so klein,
sein eigen nest wils haben
rein und fein.

Erben sind wir Alle
Alle werden wir Ahnen sein.
Sorge ein Jeder
daß der Schatz sich mehre.

Ein Mann, der wohnen muß
In andrer Leute Häuser
Der ist ärmer
Als ein Kartäuser.

Der Ahnl hat mich tauft/
Sein Enkel hat mich g'kauft/
Zu End wird um mich g'rauft.

Der Herr muß selber sein der Knecht/
will er im Hause finden Recht.
Die Frau muß selber sein die Magd/
will sie im Hause schaffen Rat.

Gott behüt dies Haus so lang/
Bis ein Schneck die Welt ausgang/
Und ein Ameis dürst so sehr/
Bis sie austrinkt das ganze Meer.

Die Höhen trifft der Sturm
und trifft sie öfter gar,
ein niedrig Haus besteht,
Groß Haus hat groß Gefahr.

Je länger/je lieber ich bin allein
denn Treu und Glaube ist worden klein.
Laß Erdenmensch von der Hoffart ab
Bist du tot/tut dir der Hund auf's Grab.

Einer für alle,
alle für einen
und jeder für jeden!

Bist du reich auf dieser Erden,
Wollen alle Deine Brüder werden.
Kommst du aber in die Not,
Sind alle deine Freunde tot!

Wer redlich denkt und handelt recht,
der bringt's zu nünt [nichts]
und 's geht ihm schlecht.

Mach' es wie die Sonnenuhr,
Zähl' die heitern Stunden nur!
(Unter einer Sonnenuhr)

Zillertaler Hausspruch

(GEMISCHTER CHOR V. JOS. ED. PLONER · FRÜHJAHR · 1949)

Handwerk und Gewerbe

Behüt uns Gott vor teurer Zeit,
Vor Maurer und Zimmerleut,
Vor Heuchler und Schlecker,
Vor Doktor und Apotheker,
Vor Advokaten und falschem Geld,
So geht es uns gut auf dieser Welt.

Die kleinen Diebe hängt man auf,
Die großen läßt man laufen;
Wär' dies nicht der Weltenlauf,
Würd' ich mehr Sträng' verkaufen.
(An einer Seilerei)

Die Welt ist jetzt so aufgeklärt,
Drum ist der Stiefel umgekehrt.
Wenn die Welt anders werd,
Kommt der Absatz auf die Erd'.
(Schild einer Schusterwerkstätte
unter einem umgekehrten Stiefel)

Geschlachtet hat schon Abraham
Dem lieben Gott sein Opferlamm
Für Isaak, seinen lieben Sohn,
So alt sind auch die Metzger schon.
(An einer Metzgerei)

Früh, eh' der Tag noch graut,
Morgens, wenn die Erde taut,
Müssen Bäcker wachen,
Brot und Semmeln machen;
Dies wär' eine feine Kunst,
Hätten sie das Mehl umsunst.

(An einer Bäckerei)

Ich liebe Gott und laß ihn walten,
Back' täglich frische Semmeln,
Verkaufe auch die alten.
Bekäme man das Mehl umsonst,
Wohlfeil's Gebäck wär' keine Kunst!

(Dampfbäckerei Weyer/Enns)

Der Herr beschütze Korn und Wein,
Der Hagel schlage Fenster ein.
(Haus eines Glasers in Wittlage)

Ich bin der Meister Hobelmann,
Der auch drechseln und schnitzen kann;
Wer's nicht glaubt, der komm' herein
Und bestell' einen Schrank oder Schrein.
(An einer Schreinerei)

Von mir kommt Schaffel, Eimer, Faß,
Für Kraut und Fleisch und edles Naß;
Und all die Schätz im Keller drunt
Sollst du verzehr'n frisch und g'sund.
(Binderei)

Der Herrgottsschneider bin ich,
Laß Gott allein nur walten,
Mach' lieber stets die neuen Hosen,
Als flicken immer die alten.
(Schneiderei)

Hunk (Honig) zählt zu den Gottesgaben,
An dem sich alt und jung soll laben;
Und die besten Honigkuchen,
Darfst du nur beim
Viertler [Hausname] suchen.
(Lebzelterei)

Wenn Sturm und Hagel all's zerschlagen,
Wenn die Leute jammernd klagen,
Und stark beschädigt sind die Sachen,
Kommt zu mir, ich will's euch machen.
(Glaserei)

Ich liebe Gott,
Lasse selben walten,
Mach' neue Hüt',
Färbe auch die alten.
(Hutmacher)

Wenn an jedes böse Maul
Ein Schloß müßt angelegt werden,
Dann wäre die edle Schlosserkunst
Die beste Kunst auf Erden.
(Schlosserei)

Der Friede sei mit allen hier,
Die da kommen her zu mir,
Mein Handwerk ist das allerbest',
Ich mache alles eisenfest.
(Schmiede in Unken)

Gott lieben macht selig,
Weintrinken fröhlich –
So liebe Gott und trinke Wein,
So kannst du fröhlich und selig sein.
(Wirtshausstube)

Gott zum Gruß
Willkommner Gast!
Bei Trank und Speis' und witz'gem Wort
Halt an zu langer Rast.
(An einem Wirtshaus)

Ein jeder Gast ist mir gegrüßt,
wenn er ein friedlicher Zecher ist.
(An einem Wirtshaus)

Gönn dir was Guats,
a wennst in Not bist,
was nützt dir des Lebn,
wenn du erst tot bist!
(Wirtshausstube)

Das Schlafgemach dient müdem Leib,
O Herr, der Sünden Schlaf vertreib.
(Schlafzimmer)

Spare, lerne, leiste was,
So hast du, kannst du, bist du was!

Mein lieber Wanderer kehre ein!
Du willst vielleicht erquicket sein?
Befiehlst du Speise, Bier und Wein?
Dies soll dir schnell zu Diensten sein;
Hast du bezahlt und willst nun gehn,
So lebe wohl, aufs Wiederseh'n.
(An einem Wirtshaus)

Ein guter Zweck hat mich bestimmt,
Dies Bräuhaus zu errichten,
Es soll, wer einen Trunk hier nimmt,
Den Gast zu mehr verpflichten.

Lieber Gast, komm geschwind herein,
Hast du Geld, ich hab den Wein.
Hast du keines,
kannst du drüben einkehren,
Da ist ein Brunnen mit zwei Röhren.

Dies Haus ist mein u. doch nicht mein/
dem andern gehört's auch nicht sein/
dem dritten wird es übergeben/
dem vierten kost es auch das Leben/
dem fünften trägt man auch hinaus-
o sag mir doch/wem gehört das Haus?

Frohsinn bring du herein,
Liebe wird drinnen sein,
Kommt es zum Scheiden,
Sei es bei beiden.

(Wirtshaus)

Sprüche auf Hausgeräten

Inschriften und Sprüche findet man nicht nur an Häusern, auf Ställen und Stadeln sowie in Zimmern und Stuben sondern auch auf alten Hausgeräten.
Hier eine Auswahl davon:

AUF MILCHTÖPFEN

Es segne Gott zu jeder Stund',
Was ein- und ausgeht deinem Mund.
Jedweden Tropfen Milch im Topf,
Und gute Gedanken und Sprüch im Kopf.

Trinke Milch zu jeder Stund,
Sie macht dich stark und ist gesund,
Sei sie warm oder kalt,
Buttermilch erst machet alt.

Milch zu allen Tageszeiten
Und die Kost von ihr bereiten
Für die Großen und die Kleinen,
Gibt euch Kraft in Arm und Beinen.

AUF SALZFÄSSCHEN

Ich bin nicht süß,
ich bin nicht sauer,
Es kann mich entbehren
nicht Bürger, nicht Bauer.

Nicht versalzen sollst die Speisen,
Sei 's daheim, sei es auf Reisen,
Denn allzuscharf, das schadet dir
Und weckt den Durst
nach Wein und Bier.

AUF EINEM PFEFFERFÄSSCHEN

Pfeffer ist ein scharf Gewürze
Und man kann ihn schon entbehren,
Nimm das Fäßchen, tu 's in Kürze,
Der Jugend aber mußt es wehren.

AUF SPIEGELN

Allen gefallen, bedarf Kunst.

Ein heiter Antlitz sollst du sehen
Aus dem Spiegel hell und klar,
Und frohgemut durchs Leben gehen,
Von der Wiege bis zur Bahr!

AUF SPARBÜCHSEN

Viel Zehren und Gasten
leert Keller und Kasten.
Sparen
Und Gottes Segen erfahren.

AUF SCHÜSSELRAHMEN

Der Segen Gottes in der Schüssel
Und in des Hauses Vorratskammer
Versperret der Not mit starkem Schlüssel
Den Eingang zu des Elends Jammer.

Den Magen nur nicht überfüllen,
Den Durst nur dann, wenn nötig, stillen,
Das Beten darfst du nie vergessen,
Dann segnet Gott dir Trunk und Essen.

AUF TELLERN UND SCHÜSSELN

Genügen ist ein reicher Tisch.

Ein froher Gast ist niemand Last.

Ein gut Gewissen
Ist im Alter ein guter Bissen.

Genügen paßt
Für jeden Gast.

Es steht geschrieben,
Daß Sechs oder Sieben
Nicht sollen harren
Auf einen Narren,
Sondern essen
Und den Narren vergessen.

Maß und Ziel
Ist das beste Spiel.

Die Sorge macht nicht satt –
Man esse, was man hat.

AUF EINER MEHLTRUHE (PAZNAUN)

Mehl in der Truhe,
Fleisch in der Dafla
Honig und an Böhrer
in da Glasla,
Brot in da Hängla,
Schmalz in da Kübl,
Ja, da löb'n mir
ja gar nit so übel!

(Dafla = Selchstelle in Küchen mit offenem Herdfeuer, Böhrer = Vogelbeerschnaps, Hängla = Stelle zur Aufbewahrung der Brotlaibchen)

AN UHRENKASTEN

Tick - tack,
Bettelsack,
Wart auf dich,
In kurzer Frist,
Wenn faul du bist,
Schau auf mich!

Der Perpendikel rastet nicht,
Tu im Leben deine Pflicht,
Bete oft zum lieben Gott
Und denke viel an deinen Tod.

Die Zeit die eilt,
Ganz unverweilt,
Drum nütze sie,
Sie kehrt dir nie.

AUF KLEIDERKASTEN

Leib und Seele halte rein,
So wie diesen Kleiderschrein;
Hochmut fliehe allezeit,
Liebe die Bescheidenheit.

Kleider machen Leute,
Sagt man gestern und auch heute;
Kleide dich nicht übern Stand
Und mache sie mit eigner Hand.

AUF EINEM BRUNNEN

Deswegen bin ich worden graben,
Daß man einen kühlen Trunk kann haben,
Und mag mich trinken ohne Sorgen,
Hat man kein Geld, so tue ich borgen.

Wo Lieb und Frieden im Verein
Und Herz und Kammer blank und rein,
Da brauchts nur eine Hütte klein,
Um schon im Paradies zu sein.